丛书主编 **俞树毅**

★生命无返程:重点交通法规解读

★百姓生活避风港:也谈社会保障法

★祸患积于忽微:警察权限与治安管理

★清官能断家务事:走进婚姻法

★约定大于法定:合同法漫谈

★让我欢喜让我忧:银行卡消费与维权

★权利与保障同行:民事侵权及其救济

法律在身边

FALÜ ZAI SHENBIAN

公民维权系列丛书

吴兴国 编著

清官能断家务事:
走进婚姻法

蘭州大學出版社

图书在版编目（CIP）数据

清官能断家务事 : 走进婚姻法 / 吴兴国编著. --
兰州 : 兰州大学出版社, 2014.11
（“法律在身边”公民维权系列丛书 / 俞树毅主编
）
ISBN 978-7-311-04636-1

Ⅰ. ①清… Ⅱ. ①吴… Ⅲ. ①婚姻法－基本知识－中
国 Ⅳ. ①D923.9

中国版本图书馆CIP数据核字(2014)第267126号

责任编辑　张国梁　王颢瑾
装帧设计　郇　海

书　　名　清官能断家务事:走进婚姻法
作　　者　吴兴国　编著
出版发行　兰州大学出版社　（地址:兰州市天水南路222号　730000）
电　　话　0931-8912613(总编办公室)　0931-8617156(营销中心)
　　　　　0931-8914298(读者服务部)
网　　址　http://www.onbook.com.cn
电子信箱　press@lzu.edu.cn
印　　刷　兰州奥林印刷有限责任公司
开　　本　710 mm×1020 mm　1/16
印　　张　8.75
字　　数　144千
版　　次　2015年3月第1版
印　　次　2015年3月第1次印刷
书　　号　ISBN 978-7-311-04636-1
定　　价　22.00元

（图书若有破损、缺页、掉页可随时与本社联系）

总　序

党的十八届四中全会提出全面推进依法治国，总目标是建设具有中国特色社会主义法治体系，建设社会主义法治国家。

改革开放三十多年来，走市场经济道路和建设具有中国特色社会主义法律体系、建设法治国家是我们始终坚持的。改革越往后就越艰难。我国市场经济建设虽然取得了巨大的成功，但地方保护、行政垄断、自然垄断、权力寻租、市场壁垒以及不公正的市场规则等乱象依然存在，市场经济建设已经到了深层的攻坚克难时期。市场经济是法治经济，市场秩序的建立与维护要依靠反映市场规律、市民社会规则的法治体系。人治只能是计划经济的反映。建设具有中国特色社会主义法治体系，对于深化各项改革、推动市场经济健康发展，具有重要意义。

正如十八届四中全会提出全面推进依法治国的重大任务所表明的，中国特色社会主义法治体系的建设和完善主要依赖于政府的推动，但这种自上而下的推动应当促进内生性的法治建设，其中，增强全民法治观念、加强民主立法和法律实施的公众参与等，应该是题中的应有之意。

社会问题纷繁复杂，当下中国社会又一次处在了历史的节点上。"依法治国，建设社会主义法治国家"是中国的基本治国方略，也是中国承继人类文明的必然和历史选择。依法治国必然要求增强全民法治观念，并在全社会大力推动普法宣传教育。虽然学理解释在法理学上属于无权解释之列，但适法、守法、用法均离不开对现行法律的熟悉、掌握和准确理解，学理解释在法律的适用、市场规则和市场秩序的维护、公民行为的预测或指引中发挥着至关重要的作用。可以说，如果民众没有良好的法律素养，没有法律信念，则中国现代法律的移植、现代法治社会和法治国家的建设始终是不可完成的任务，只能是水中月、镜中花。

早在1986年，中国就开始了以五年为一个周期的普法活动。2011年为"六五"普法规划的启动年。"六五"普法规划的基本指导思想主要是：按照全面落实依法治国基本方略和建设社会主义政治文明的新要求，坚持法制宣传教育与社会主义核心价值体系教育相结合、与社会主义法治理念教育相结合、与社会主义公民意识教育相结合、与法治实践相结合，深入开展法制宣传教育，深入推进依法治理，大力弘扬社会主义法治精神，为夺取全面建设小康社会新胜利营造良好法治环境。

所谓普法，就是普及法律知识，而法律知识范围广泛，涵盖法律和法学，既包括法律精神、法律价值、法律理念，也包括法律原则、法律规范；既包括理论法学、应用法学，也包括一切有关法律和法学的知识和学问。因此，普法会成为依法治国的常态和有机组成部分。当然，普法首先是从对现行法律的宣传、正确解释和准确理解开始的。

应兰州大学出版社之约，我们组织编纂了这套“法律在身边”公民维权系列丛书。丛书内容涉及公法、私法和社会法等各个方面，将按照出版计划陆续推出。这套丛书的出版，期望能够为全社会普法、为法治中国建设尽些绵薄之力。

丛书撰稿人均为在职法律人（法律职业共同体成员，包括法官、检察官、律师、法学教育工作者以及研究者等），大都从事法律教学和研究以及司法实践工作，有较高的科研能力和语言驾驭能力。是他们认真负责的态度和孜孜不倦的工作，使丛书得以面世。

作为丛书的总主编，我制定了丛书的体例，并对各分册书稿进行了统稿和进一步完善。

这套丛书的特点是：语言明快、简洁、通俗；法律要义、释疑、案例、法条有机结合，各单元自成体系；贴近社会生活的主要方面，与大众生活息息相关。

限于学识和时间，书中肯定存在不少问题，希望读者、行家不吝赐教。

俞树毅

2014年12月1日

（丛书总主编俞树毅，系兰州大学法学院教授、博士研究生导师。兰州大学环境资源法学研究所所长）

前言

俗话说，公说公有理，婆说婆有理。俗话又说，清官难断家务事。似乎一涉及婚姻家庭类纠纷，无论村官妇联、长者三老，还是城乡干部、新老法官，都感到十分棘手。

家务事真难断乎？难！由于家务事绝大多数发生在家庭内部，而家庭又是一个相对封闭的社会单位，所以婚姻家庭纠纷中诸如家庭暴力、共同债务、夫妻共同财产等往往举证很难，此其一；家务事又涉及夫妻感情好坏、家庭成员的是非对错等情感色彩较浓问题的甄别，所以婚姻家庭纠纷往往判断很难，此其二；家务事不仅牵扯法律问题，同时也关乎道德习俗，乃至伦理宗教，所以婚姻家庭纠纷处理很难，此其三。凡此种种，在法院审理的民事案件中，唯婚姻家庭类案件不光涉及人身关系，同时也涉及财产关系，稍不审慎，极易激化为刑事案件。因此，“清官难断家务事”已成为基层民事法官的共识。

家务事果真难断乎？其实不难！相对于《物权法》《合同法》《侵权责任法》等民事法律，我国《婚姻法》立法起步较早、实施经验丰富、解释日趋完善，只要全面掌握婚姻家庭方面的法律、司法解释的内容和精神就能较好地解决婚姻家庭纠纷，此其一；随着我国法治建设进程的不断推进，一般公众婚姻家庭方面的法律知识也日渐丰富，对家务事的看法也渐趋理性，这必将给我们妥善化解婚姻家庭纠纷创造优越的条件，此其二；家务事举证再难、判断再难、处理再难，也自有其规律可循，而且，20世纪80年代后法律科班出身的人才大量进入法院，法官的司法水平有了很大提高，广大法官有能力处理好纷繁复杂的婚姻家庭类案件，此其三。凡此种种，在法院审理的民事案件中，唯婚姻家庭类案件的调解结案率居高不下。因此，“清官能断家务事”更成为基层民事法官的自信。

党的十八届四中全会刚刚通过的《中共中央关于全面推进依法治国若干重大问题的决定》中指出，坚持把全民普法和守法作为依法治国的长期基础性工作,深入开展法治宣传教育,引导全民自觉守法、遇事找法、解决问题靠法;实行国家机关“谁执法谁普法”的普法责任制,建立法官、检察官、行政执法人员、律师等以案释法制度,加强普法讲师团、普法志愿者队伍建设。党中央的决定中确定法官的普法责任,这在我们党的历史上还是第一次。法官不仅是纠纷裁判员,还是法制宣传员,尤其是要建立以案释法制度,法官较检察官、行政执法人员、律师等更有着得天独厚的职业优势。对广大群众来讲,通过鲜活生动的案例讲法说理,要比枯燥乏味的法学理论和法律常识更易于接受,更具有说服力。作为一名长期在基层法院从事民事审判工作的老法官,编写一册通过展示婚姻法案例讲解婚姻法规则的小书,深感责无旁贷。于是,笔者不揣浅陋,依照“将法律生活化”“将生活法律化”的编写原则,编著是书。此书如能对有意了解婚姻法的读者稍有裨益,这就是对“清官能断家务事”这一命题的认同。

因限于水平,成书仓促,书中不当之处在所难免,希望读者不吝指教。

吴兴国

2014年12月

目 录

第一单元　家庭宪法
——婚姻法 ……001
【精讲精析】……001
一、婚姻法简介 ……001
二、婚姻法的基本原则 ……002
【典型案例(一)】……003
父母干涉儿女婚姻案 ……003
【以案说法(一)】……003
【典型案例(二)】……003
儿女干涉老人婚姻自由案 ……003
【以案说法(二)】……004
【典型案例(三)】……004
李某暴力干涉婚姻自由案 ……004
【以案说法(三)】……005
【法条链接】……005
【扩展阅读】……005
中国妇女社会地位有八方面进步 ……005
第二单元　男大当婚　女大当嫁
——婚姻法关于结婚的规定 ……007
一、结婚的条件 ……007
【精讲精析】……007
【典型案例】……008
代领结婚证的行为无效 ……008

【以案说法】 ……009
【法条链接】 ……010
【扩展阅读】 ……010
医学上认为不应当结婚的疾病有哪些？ ……010
二、事实婚姻和同居关系的法律界定 ……011
【精讲精析】 ……011
【典型案例(一)】 ……013
未办结婚登记不得提出离婚 ……013
【以案说法(一)】 ……013
【典型案例(二)】 ……014
同居期间财产不能视为夫妻共同财产 ……014
【以案说法(二)】 ……014
【法条链接】 ……015
【扩展阅读】 ……015
同居关系解除时的法律纠纷 ……015
三、无效婚姻与可撤销婚姻 ……019
【精讲精析】 ……019
【典型案例(一)】 ……020
结婚25年的表兄妹离婚案 ……020
【以案说法(一)】 ……021
【典型案例(二)】 ……021
受胁迫结婚的当事人其撤销权如何行使？ ……021
【以案说法(二)】 ……021
【典型案例(三)】 ……022
男方隐瞒艾滋病的婚姻无效 ……022
【以案说法(三)】 ……022
【法条链接】 ……022
【扩展阅读】 ……024
农村早婚现象面面观 ……024
第三单元 家和万事兴
——家庭成员的权利和义务 ……027
一、个人财产与夫妻共同财产 ……027

【精讲精析】 ……027
【典型案例(一)】 ……028
赠予个人的财产不属于夫妻共同财产 ……028
【以案说法(一)】 ……029
【典型案例(二)】 ……029
丈夫买房给小三,妻子能否要回? ……029
【以案说法(二)】 ……030
【典型案例(三)】 ……031
未经配偶同意卖房,善意第三人不退房 ……031
【以案说法(三)】 ……031
【法条链接】 ……032
【扩展阅读】 ……032
婚后财产约定到底为了个啥? ……032
二、夫与妻 ……035
【精讲精析】 ……035
【典型案例(一)】 ……036
妻子私自堕胎,丈夫告状败诉 ……036
【以案说法(一)】 ……037
【典型案例(二)】 ……037
不离婚也能要求丈夫支付扶养费 ……037
【以案说法(二)】 ……038
【法条链接】 ……038
【扩展阅读】 ……039
印度的计划生育 ……039
三、父母与子女 ……040
【精讲精析】 ……040
【典型案例(一)】 ……041
怀疑子非亲生,没有证据败诉 ……041
【以案说法(一)】 ……042
【典型案例(二)】 ……042
拒做亲子鉴定者败诉 ……042
【以案说法(二)】 ……042

【法条链接】 ……043
【扩展阅读】 ……043
新《婚姻法》促亲子鉴定增四成 ……043
四、其他关系 ……044
【精讲精析】 ……044
【典型案例(一)】 ……044
兄弟姐妹之间有相互扶养的义务 ……044
【以案说法(一)】 ……044
【典型案例(二)】 ……045
孙子女对祖父有赡养义务吗? ……045
【以案说法(二)】 ……045
【法条链接】 ……046
【扩展阅读】 ……046
老年人不差钱,差的是关爱 ……046
第四单元　想说离你不容易
——离婚的条件 ……048
一、离婚的方式 ……048
【精讲精析】 ……048
【典型案例】 ……049
"休书"不算数,离婚得起诉 ……049
【以案说法】 ……049
【法条链接】 ……049
【扩展阅读】 ……050
中国古代的休书 ……050
二、离婚的法定条件 ……051
【精讲精析】 ……051
【典型案例】 ……052
夫妻感情破裂的判断 ……052
【以案说法】 ……052
【法条链接】 ……053
【扩展阅读】 ……054
假离婚的两种形式 ……054

三、例外规定 ……055
【精讲精析】 ……055
【典型案例】 ……055
现役军人离婚案 ……055
【以案说法】 ……055
【法条链接】 ……056
【扩展阅读】 ……056
现行军婚制度的缺陷 ……056
第五单元　父母分手我咋办
——离婚后的子女抚养 ……059
一、谁有优先抚养权 ……059
【精讲精析】 ……059
【典型案例】 ……060
双亲条件差不多,为何孩子归父亲 ……060
【以案说法】 ……060
【法条链接】 ……061
【扩展阅读】 ……061
中国独生子女现状堪忧 ……061
二、抚养费数额的确定 ……065
【精讲精析】 ……065
【典型案例】 ……066
孩子不是摇钱树 ……066
【以案说法】 ……067
【法条链接】 ……067
【扩展阅读】 ……068
失责父母将被剥夺监护权 ……068
三、探望权浅说 ……069
【精讲精析】 ……069
【典型案例(一)】 ……070
探望权的强制执行 ……070
【以案说法(一)】 ……071
【典型案例(二)】 ……071

隔代探望权应否得到法律保护? ……071
【以案说法(二)】 ……072
【法条链接】 ……072
【扩展阅读】 ……072
隔代探望权应受法律保护 ……072
第六单元 你的 还是我的
——离婚后的财产分割和债务分担 ……075
一、共同财产如何分割 ……075
【精讲精析】 ……075
【典型案例(一)】 ……076
离婚时属于夫妻共同财产的公司股权如何分割? ……076
【以案说法(一)】 ……077
【典型案例(二)】 ……078
夫妻离婚难,只为宠物犬 ……078
【以案说法(二)】 ……079
【法条链接】 ……079
【扩展阅读】 ……080
法律透视情人财产纠纷 ……080
二、夫妻共同债务的分担 ……081
【精讲精析】 ……081
【典型案例(一)】 ……082
夫妻共同债务离婚后如何分担? ……082
【以案说法(一)】 ……083
【典型案例(二)】 ……083
夫妻离了婚,借款还得连带还 ……083
【以案说法(二)】 ……084
【法条链接】 ……084
【扩展阅读】 ……085
千奇百怪的夫妻共同债务纠纷 ……085
三、彩礼返还的有关问题 ……088
【精讲精析】 ……088
【典型案例(一)】 ……089

夫妻同居仅一月，离婚诉请退彩礼 …………089
【以案说法(一)】 …………089
【典型案例(二)】 …………089
离婚时返还彩礼应符合法定情形 …………089
【以案说法(二)】 …………090
【法条链接】 …………090
【扩展阅读】 …………091
材料一　彩礼返还的误区 …………091
材料二　微历史：彩礼的前世今生 …………092
第七单元　伤害婚姻有代价
——离婚的损害赔偿 …………094
一、制止家暴谁有责 …………094
【精讲精析】 …………094
【典型案例】 …………094
遇"家庭暴力"请求精神赔偿案 …………094
【以案说法】 …………095
【法条链接】 …………095
【扩展阅读】 …………096
为什么家庭暴力索赔难 …………096
二、如何请求损害赔偿 …………098
【精讲精析】 …………098
【典型案例(一)】 …………098
子非亲生，法院判妻子赔偿损失 …………098
【以案说法(一)】 …………099
【典型案例(二)】 …………099
"捉奸"证据算不算？ …………099
【以案说法(二)】 …………100
【法条链接】 …………101
【扩展阅读】 …………102
拜金主义、包二奶诱发离婚 …………102
三、离婚损害赔偿中的精神损害赔偿 …………103
【精讲精析】 …………103

【典型案例】……104
离婚精神损害赔偿请求权何时行使? ……104
【以案说法】……105
【法条链接】……106
【扩展阅读】……106
中国式离婚成本有几何? ……106
四、离婚损害赔偿诉讼的提起 ……111
【精讲精析】……111
【典型案例(一)】……111
协议离婚后能主张精神损害赔偿吗? ……111
【以案说法(一)】……112
【典型案例(二)】……112
离婚一年内索要精神损害赔偿案 ……112
【以案说法(二)】……112
【法条链接】……113
【扩展阅读】……114
材料一 中国古代娶妻与纳妾制度 ……114
材料二 一夫多妻制 ……116
五、离婚时一方确有困难的情形 ……118
【精讲精析】……118
【典型案例】……119
离婚后一方生活困难的应如何处理? ……119
【以案说法】……120
【法条链接】……121
【扩展阅读】……121
反家庭暴力法亟待出台 ……121

第一单元　家庭宪法

——婚姻法

【精讲精析】

一、婚姻法简介

多年来，在人民法院受理的各类案件中，民商事案件占70%以上，而婚姻家庭类案件又占民商事案件的一半以上，可见，婚姻法与我们的生活息息相关。那么，婚姻法是一部怎样的法律呢？它是调整社会婚姻关系的法律规范，是民法的重要组成部分。我国婚姻法调整的范围除婚姻关系外，还包括家庭关系。1950年，我国颁布了新中国成立后的第一部《婚姻法》，1980年在这部法律的基础上又重新制定了新的《婚姻法》。2001年4月28日，在第九届全国人大常委会第二十一次会议上通过了修订的《中华人民共和国婚姻法》，所以从严格意义上讲，我国现行婚姻法仍然是1980年《婚姻法》。

婚姻法有广义和狭义之分。广义的婚姻法包含的内容很多，除婚姻法以外，宪法、民法、继承法、收养法、妇女权益保障法、老年人权益保障法以及未成年人保障法等法律都涉及婚姻家庭关系。狭义的婚姻法仅指婚姻法文本。本书所讲的婚姻法是狭义的婚姻法，其主要内容包括婚姻法的基本原则、结婚的法定条件、婚姻无效和可撤销婚姻的法定事由、离婚的条件和原则、离婚后的财产关系，以及家庭关系中夫妻、父母、子女的地位、权利义务、离婚损害赔偿等。这些规定是婚姻家庭关系中最基本的方面。由此可以说，婚姻法是家庭宪法。

由于《婚姻法》的条文本身不多，有些规定比较原则化，因此，为了提高法律规定的可操作性，最高人民法院先后出台了三个司法解释，这些司法解释也是我国婚姻法律规范的有机组成部分，它们对指导司法实践、统一裁判尺度起着不可或缺的作用。

二、婚姻法的基本原则

1.实行婚姻自由，禁止包办买卖婚姻。这是我国婚姻法的核心。其基本含义是指公民享有婚姻自主权，男女双方有权按照法律的规定，决定自己的婚姻大事。

结婚和离婚都不附带任何外在条件，以男女双方是否有感情作为婚姻成立、延续或解除的唯一依据。禁止买卖婚姻、包办婚姻和其他干涉婚姻自由的行为。社会主义制度下的婚姻自由在法律上铲除了剥削和压迫的根源，妇女在经济上获得了独立，使婚姻自由真正成为现实。当然，我国婚姻法所规定的婚姻自由是服从社会主义原则的，它是公民的一项权利，受到法律的保护；但又不是绝对的自由，还要受到法律的约束。

2.实行一夫一妻制，禁止重婚及其他破坏一夫一妻制的行为。一夫一妻制，是指一个人同时只能有一个配偶。一夫一妻制在人类社会虽然已经有几千年的历史，但在私有制社会里却是专对妇女而言的虚伪的一夫一妻制。在社会主义制度下，男女是平等的主体，真正实行了一夫一妻制。

3.实行男女平等，反对男尊女卑。我国婚姻法所规定的男女平等，是指男女两性在婚姻家庭生活各方面享有平等的权利，负有平等的义务。这个原则是社会主义婚姻家庭制度区别于一切剥削阶级婚姻家庭制度的重要标志。实行男女平等，就必须反对男尊女卑的旧思想，提高妇女的地位，尊重和保护妇女的合法权益。

4.保护妇女、儿童和老人，禁止家庭成员间的虐待。妇女、儿童和老人是主要的家庭成员，他们的合法权益如果得不到保护，家庭就不可能幸福，社会也不会安宁。妇女占人口的半数，她们是社会文明建设的重要力量，又扮演着家庭主妇和伟大母亲的角色，她们理应受到尊重。儿童是国家的后代、民族的未来、人类的希望，保护和培养儿童，使他们健康成长，不仅是社会主义家庭的职能之一，也是社会的任务。老人为社会、为家庭贡献了毕生精力，他们应该当之无愧地受到人们的爱戴和保护。

5.实行计划生育，反对封建主义的生育观。计划生育是社会人口再生产的客观要求，也是我国的一项基本国策。我国婚姻法正是基于这一原则，规定了实行计划生育是每对夫妻的义务。通过计划生育，人们做到了“优生、优育”，提高了人口素质，保护了妇女的健康权。

【典型案例(一)】

父母干涉儿女婚姻案

男青年宋某和女青年郭某是同村近邻,两小无猜,青梅竹马,既是同乡,又是同学。随着年龄的增长,两个人相爱,但郭某的父母嫌宋家贫穷,不答应此门婚事,并胁迫宋某说:“你要娶我女儿也可以,立即送三万元彩礼,人归你。否则,我把她嫁给她姨表哥赵某。”宋某家徒四壁,别说三万,就是三千元也拿不出来。宋某与郭某两个人痛苦万分,想不出什么办法。最终两人投井而亡,以死抗争。

【以案说法(一)】

《婚姻法》第2条规定:“实行婚姻自由。”婚姻自由,就是婚姻的当事人双方按照法律的规定,自主决定自己的婚姻,任何人不得强制和干涉。为了保障这一原则的实施,《婚姻法》第3条明确规定:“禁止包办、买卖婚姻和其他干涉婚姻自由的行为。禁止借婚姻索取财物。”郭某的父母包办女儿的婚事,索取彩礼,逼迫女儿与恋人割断关系,最终造成了一对恋人自杀的惨剧。郭某父母的行为构成了干涉婚姻自由的违法行为。另外,郭某和赵某是姨表兄,为三代以内的旁系血亲。根据《婚姻法》第7条关于直系血亲和三代以内的旁系血亲禁止结婚的规定,如果郭某与赵某结婚,是违反我国《婚姻法》规定的,是完全错误的。

【典型案例(二)】

儿女干涉老人婚姻自由案

1952年,某厂工人方某与赵某结婚,生育一儿两女,儿女均已结婚另立门户。1986年7月,赵某因病去世,方某一人独居。平时儿女很少回家看望老人,在老人垂暮之年,方某倍感孤独凄凉。1987年12月经人介绍,方某与周老太相识。两人都因丧偶感到孤独,想找个老伴,生活上有所照应。方某的儿女知道后,极力反对。在女儿的干涉下,方某不敢与周老太在家见面,只能躲到公园里相对垂泪。虽然经单位和邻居劝说,但方某的儿女仍然多方阻止。两位老人只好停止往来。

【以案说法(二)】

我国《婚姻法》规定的"婚姻自由"原则,不仅是法律赋予青年人的权利,也是赋予老年人的权利。在法律上,任何人的婚姻自由权利都是平等的。丧偶老人再婚,只要是出于双方自愿,并且符合法律的规定,都应当受到法律的保护。本案中,方某的女儿无视《婚姻法》的规定,出于旧的思想观念,阻止方某再婚,这是干涉婚姻自由的违法行为。《婚姻法》第2条第2款中明确规定保护老人的合法权益。因此,对于方某的子女干涉父亲和周老太的婚姻自由的行为,有关部门应当对他们进行严肃的批评教育,帮助他们正确对待老人再婚的问题。同时,应鼓励和支持方某与周老太要敢于同违法行为做斗争,大胆地追求幸福,运用《婚姻法》来保护自己的正当权利。

【典型案例(三)】

李某暴力干涉婚姻自由案

贵州省某县农民李某与邻县女青年喇某于1997年起确立自由恋爱关系,1999年6月喇某向李某提出分手,李不同意。2000年3月22日上午,双方在某镇人民政府民政办公室商量双方关系问题,李某要求喇某回心转意继续与自己相好,喇某不同意和好,双方发生争执,李某遂从衣服口袋里拿出事先准备好的小刀架在喇某脖子上进行威胁,迫使喇某向其表示:"我不想死,你不要杀我,不要把刀架在我脖子上,我俩领结婚证,我跟你过得了。"当地民政部门为缓解势态,现场为双方开具了结婚证书,公安及有关部门经过两个多小时的法律政策教育,李某放开喇某,将刀交给公安干警并归案。

法院经审理,根据《中华人民共和国刑法》第257条之规定,判处李某有期徒刑1年。

【以案说法(三)】

本案是一起刑事犯罪案件。被告人李某向喇某求婚不成,为达到与之结婚的目的,采用暴力手段强迫喇某与自己结婚,暴力干涉他人的婚姻自由权,其行为已构成了暴力干涉婚姻自由罪,且犯罪手段恶劣,社会影响较坏,法院处以刑罚,是完全必要的。

【法条链接】

中华人民共和国婚姻法

第一条 本法是婚姻家庭关系的基本准则。

第二条 实行婚姻自由、一夫一妻、男女平等的婚姻制度。

保护妇女、儿童和老人的合法权益。

实行计划生育。

第三十条 子女应当尊重父母的婚姻权利,不得干涉父母再婚以及婚后的生活。子女对父母的赡养义务,不因父母的婚姻关系变化而终止。

中华人民共和国刑法

第二五七条 以暴力干涉他人婚姻自由的,处二年以下有期徒刑或者拘役。

犯前款罪,致使被害人死亡的,处二年以上七年以下有期徒刑。

第一款罪,告诉的才处理。

【扩展阅读】

中国妇女社会地位有八方面进步[①]

10月21日上午,全国妇联就第三期中国妇女社会地位调查的有关情况召开新闻发布会,并就相关问题回答记者提问。

---

①详见《中国妇女社会地位调查结果比十年前有八方面进步》,载《人民网·中国妇联新闻·妇联要闻》,2011年10月21日。

全国妇联副主席书记处第一书记、第三期中国妇女社会地位调查领导小组组长宋秀岩介绍，与十年前的调查相比，本次调查结果在八个方面有了很大的进步：

一是妇女的健康状况明显改善。农村妇女生育健康水平大幅度提高。比如，农村35岁以下的妇女在生育孩子的时候做过产前检查和住院分娩的比例，比十年前提高了13.4个百分点和40.6个百分点。这是一个很大的进步。

二是女性受教育的程度明显提高。在受教育方面的性别差距显著缩小。比如，女性平均受教育年限比十年前提高了2.7年。性别差距从2000年时的1.5年缩短为0.3年。

三是女性的经济能力有所增强，特别是非农就业的比例有了比较大的提高。比如，农村在业的女性当中，主要从事非农劳动的比例比十年前提高了14.7个百分点。这一方面说明了产业结构的调整，另一方面也说明了女性就业层次的提高。

四是女性的社会保障水平提高，男女差距也明显缩小。比如，我们有一个可对比的数据，城镇单位女性社会养老保障和医疗保障的享有率分别比十年前提高了25.4个百分点和46.1个百分点，提高的幅度也是比较大的。

五是女性参与管理的程度有所提高，社会参与的主动性也增强了。比如，女性参与过各级管理工作的比例比十年前提高了4.5个百分点，参加捐款和志愿活动的女性比例比十年前提高了2.1个百分点。

六是女性家庭地位满意度比较高，家庭事务的决策也更加平等。比如，我刚才介绍的数字说明了妻子在家庭当中的作用比过去提高了，有一个数字很能说明问题，就是妻子在参与家庭的投资、贷款这样的比较重大的决策当中的比例提高了14.3个百分点。

七是男女分担家务的理念得到认同，两性家务劳动时间的差距也缩小。比如，我刚才讲到有88.6%赞同“男人也应该主动承担家务劳动”。相应地，数据也表明了无论在城镇还是在农村，在业女性的家务劳动的时间都明显减少。

还有一个进步我觉得是涉及整个社会的，就是《妇女权益保障法》的知晓程度明显提高，男女平等的基本国策进一步深入人心。比如，我们的调查当中显示的，知道中国有《妇女权益保障法》的人比十年前提高了9.6个百分点，而且赞成“儿女平等继承父母财产”的比例达到了76.3%。我想所有的这些都应该说中国妇女社会地位与十年前相比确实有了明显的进步。

第二单元　男大当婚　女大当嫁

——婚姻法关于结婚的规定

一、结婚的条件

【精讲精析】

结婚到底有哪些条件呢？根据我国《婚姻法》的有关规定，结婚的条件可以总结为四句话：男女双方自愿，达到法定婚龄，不在禁止范围，经过结婚登记。

男女双方自愿的意思是男方和女方都有结为夫妻的共同意愿，而不是男方或女方的一厢情愿，“剃头挑子一头热”式的单相思自然不符合结婚的条件，“牛不吃水强压头”式的乱点鸳鸯谱则有可能构成暴力干涉他人婚姻自由罪。

法定婚龄很好理解，只不过法律规定的婚龄是指准予结婚的最低年龄，而不是必须结婚的年龄。这个年龄与民间传统意义上的年龄是有区别的，法定婚龄是“周岁”，而民间常用的是“虚岁”，虚岁比周岁要大一到两岁，千万不可混为一谈。

《婚姻法》规定的禁止结婚的情形有两种。第一种是直系血亲和三代以内的旁系血亲，这一项不难把握；第二种是患有医学上认为不应当结婚的疾病。对于什么是医学上认为不应当结婚的疾病，《婚姻法》并没有具体规定。《母婴保健法》规定，男女在结婚登记时，应当持有婚前医学检查证明或医学鉴定证明。婚前医学检查包括严重遗传性疾病、指定传染病、有关精神病三类疾病的检查。经婚前医学检查，对患指定传染病在传染期间内或者有关精神病在发病期内的，医师应当向男女双方说明情况，提出医学意见；经男女双方同意采取长效避孕措施或者施行结扎手术后不生育的，可以结婚。《母婴保健法》虽然说明了婚检项目和暂缓结婚的情形，但并未确定禁婚疾病，再加上医生一般也不在婚检报告中明确婚检对象是否可以结婚，从而为结婚登记工作带来了困难。但有胜于无,实践中,可依《母婴保健法》的规定确定禁止结婚或暂缓结婚的情形,也可由有关部门根据婚姻法原则制定具体规定。

结婚登记是法定程序。这里需要强调的是,男女双方必须亲自到婚姻登记机关进行结婚登记,既不能由其中一方代替另一方登记,也不能由双方委托他人代为登记。达到其他结婚条件但未进行结婚登记的,原则上国家不承认其婚姻效力,当然这也不是绝对的,法律对事实婚姻的有限认可即其一例。关于这一点,本书在后面将会谈到。

【典型案例】

代领结婚证的行为无效

原告蒋某(男)与被告余某(女)于1999年11月自由恋爱,之后二人一同外出务工,并以夫妻名义同居生活。2002年农历二月,两人共同返家,按农村风俗“结婚”。此时余某已怀孕6个月,因害怕计划生育部门罚款,没有前往婚姻登记机关进行结婚登记,而是委托亲友到婚姻登记机关替双方代为领取了结婚证。双方婚后生育一女蒋某某,起初夫妻感情较好,后来由于婆媳关系不好,夫妻二人常为家庭琐事发生口角。自2003年4月起,女方外出务工,在过年过节或家中有大事时才回家,于是男方在2007年起诉至法院,请求判决离婚。

法院受理此案后,依法开庭审理。在庭审中,原告提出当时办理结婚登记时是委托他人代为办理的,所以结婚证应视为无效。被告认为,原、被告双方已结婚多年,开始同居生活,后来补办了结婚登记。补办结婚证时双方虽然未到婚姻登记机关亲自办理并签字,但是符合结婚的条件,委托他人代领结婚证是一种委托关系,是当事人真实意思的表示,其结婚证应视为合法有效。由于双方在共同生活中性格上存在差异,家庭成员之间关系处的不是很好,经常发生口角,影响了夫妻感情,但夫妻二人是自由恋爱,女方外出打工后双方还时常联系,节假日女方也常回家,由此可以看出双方感情尚未破裂,只要互相尊重,增加理解,夫妻关系是可以搞好的,原告所主张的离婚理由不充分,因此被告不同意离婚。后经法院多方调解,原告撤回了起诉,并重新进行了婚姻登记。

【以案说法】

这是一个一般的婚姻家庭纠纷类案件，却出现了一个关键的问题，即委托他人代领的结婚证是否合法有效？

有人认为，委托他人代领的结婚证应视为合法有效，因为这是一种委托关系，是当事人真实意思的表示，符合民事法律行为的构成要件。还有人认为，婚姻登记是一种具有人身依附性质的法律行为，是不能被代理的，故代领的结婚证是无效的。

代领的结婚证究竟有无效力呢？《婚姻法》第8条明文规定，要求结婚的男女双方必须亲自到婚姻登记机关进行结婚登记。符合本法规定的，予以登记，发给结婚证。取得结婚证，即确立夫妻关系。未办理结婚登记的，应当补办登记。该规定属强制性规定，即要求结婚的男女双方必须亲自到婚姻登记机关进行结婚登记，经审查后取得的结婚证才是合法有效的，要求结婚的男女才能成为合法的夫妻。要求结婚的男女双方不是亲自到婚姻登记机关进行结婚登记而取得的结婚证则是违法取得，是无效的，其婚姻关系并不被法律承认，只能作为同居关系看待。该法所称的“必须”，意味着领结婚证是任何人都不可以替代的行为。所以，本案原、被告双方虽然在委托他人代领结婚证时已符合法定的结婚条件，但是由于原、被告双方没有亲自到婚姻登记机关进行结婚登记，只是委托他人代领结婚证，则该行为是不合法的，因此结婚证也是无效的。如果婚姻登记机关明知不是结婚的男女双方而为之办理，就属违法办证，反之则属当事人欺诈骗取。

特别需要说明的一个重要界限是，如果是要求结婚的男女双方亲自到婚姻登记机关进行了结婚登记，而只是由于其他原因当时未领取或未领到结婚证，后来委托他人代领的这种行为，与双方并未亲自去登记，直接托他人办理的行为是有严格区别的。前者属于可代理的一般民事法律行为，而后者是不能代理的法律行为。因此，该案中的代理行为无效，婚姻关系也无效。

【法条链接】

中华人民共和国婚姻法

第五条 结婚必须男女双方完全自愿,不许任何一方对他方加以强迫或任何第三者加以干涉。

第六条 结婚年龄,男不得早于二十二周岁,女不得早于二十周岁。晚婚晚育应予鼓励。

第七条 有下列情形之一的,禁止结婚:

(一)直系血亲和三代以内的旁系血亲;

(二)患有医学上认为不应当结婚的疾病。

第八条 要求结婚的男女双方必须亲自到婚姻登记机关进行结婚登记。符合本法规定的,予以登记,发给结婚证。取得结婚证,即确立夫妻关系。未办理结婚登记的,应当补办登记。

婚姻登记条例

第五条 办理结婚登记的内地居民应当出具下列证件和证明材料:

(一)本人的户口簿、身份证;

(二)本人无配偶以及与对方当事人没有直系血亲和三代以内旁系血亲关系的签字声明。

【扩展阅读】

医学上认为不应当结婚的疾病有哪些?①

医学上认为不应当结婚的疾病,在司法实践中主要是指以下六种疾病:

1.性病,如梅毒、淋病、软性下疳、尖锐湿疣、生殖器念珠菌病、生殖器疱疹、传染性软疣、性病性淋巴肉芽肿、阴道滴虫病、艾滋病等未治愈的性病。患性病者除自己受痛苦外,还传染殃及他人,危害极大,所以禁止结婚。

2.严重的精神病,主要有精神分裂症、躁狂抑郁型精神病以及其他类型的

①详见《患有医学上认为不应当结婚的疾病都有哪些?》,载《中国普法网·普法讲堂·法律常识》,2011年4月6日。

严重精神病。患这种疾病的人，在法律上被认为是限制行为能力或无行为能力人，这种病人婚后不可能正常履行夫妻间的义务，也不可能承担对子女的责任，而且遗传性很强，高达50%至60%，所以禁止结婚。

3.重症智力低下。患有这种疾病的人，分不清是非，有时连自己的亲人都不能识别，更谈不上承担家庭责任，也不可能履行夫妻义务，而且遗传性也很强，为了民族人口素质，应当禁止结婚。

4.患有其他类型的传染性、遗传性疾病而未治愈的，也应禁止结婚。

5.瘫痪。这类病人不能结婚的原因已是众所周知的，行动不便，无法履行夫妻义务。

6.麻风病。这是以前的《婚姻法》第6条第2款明确规定的禁止结婚的疾病。当然，现在医学发达了，认为麻风病只是一种普通的慢性传染病，且现在已有较好的治疗方案，这种病现在可防可治，所以新《婚姻法》不再将此病从立法上明确规定为禁止结婚的疾病。但医学上仍认为患有麻风病又未治愈的，不应当结婚，因为麻风病是传染性疾病。

关于有生理缺陷（即无性行为能力）能否结婚，第一部《婚姻法》是做了禁止性规定的。但因为生理缺陷不属于疾病，且无传染、无遗传，对社会没有危害，所以1980年修改《婚姻法》时取消了这项规定，实行"愿者不禁"原则，即如果一方明知对方无性行为能力，但愿意与之结婚，婚姻登记机关不"干涉"。但如果婚前不知，婚后发现"上当"，可以以此为由起诉离婚。法院经查证属实，判决准予离婚。法律依据是《婚姻法》第32条第3款第5项规定，即其他导致夫妻感情破裂的情形，应当判决离婚。

法律上禁止患有特定疾病的人结婚的主要目的是为了防止疾病传染给他人或遗传给下一代，影响人口素质。为保障后代和民族健康，国家从立法上做出规定，禁止患有医学上认为不应当结婚的疾病的人结婚。防止与患有这种特定疾病的人结婚，最可靠的措施是做婚前检查，但须到指定的医疗保健机构进行，以确保婚检质量。

二、事实婚姻和同居关系的法律界定

【精讲精析】

所谓事实婚姻，是指没有配偶的男女，未进行结婚登记，便以夫妻关系同居生活,大家也认为是夫妻关系的两性结合。所谓"同居关系",是指无效的事实婚姻,即未办理结婚登记而以夫妻名义共同生活,但不构成有效的事实婚姻的两性结合。最高人民法院在1989年12月13日印发的《关于人民法院审理未办结婚登记而以夫妻名义同居生活案件的若干意见》中,将未办理结婚登记而以夫妻名义同居的两性结合以其形成的时间为界限,以是否符合实质要件为基准,区分为"事实婚姻关系"与"非法同居关系";2001年12月最高人民法院《关于适用〈中华人民共和国婚姻法〉若干问题的解释(一)》(以下简称《婚姻法解释(一)》)又以是否补办结婚登记为标准,将其区分为"事实婚姻"与"同居关系",将原来所称的"非法同居关系"删除"非法"二字,采用"同居关系"的表述。具体讲,有以下几点:(1)1994年2月1日民政部《婚姻登记管理条例》公布实施以前,男女双方已经符合结婚实质要件的,按事实婚姻处理;(2)1994年2月1日民政部《婚姻登记管理条例》公布实施以后,男女双方符合结婚实质要件的,可以补办结婚证;未补办结婚登记的,按同居关系处理;(3)1994年2月1日民政部《婚姻登记管理条例》公布实施以后,男女一方或双方仍不符合结婚实质要件的,按同居关系处理。

1.事实婚姻

(1)1994年2月1日前未经登记而共同生活,并符合结婚实质条件的男女双方构成事实婚姻的,可确认其婚姻效力,不必非要补办结婚登记。

(2)我国法律采用承认补办登记具有溯及力原则,即1994年2月1日以后未经登记而共同生活的男女双方,如果当事人补办了结婚登记,其婚姻转化为有效的婚姻。否则,视为同居关系。

(3)事实婚姻关系具有婚姻的效力。凡认定为事实婚姻关系的,实际就是确认其婚姻关系有效,即事实婚姻关系双方当事人具有夫妻身份,彼此间的关系适用《婚姻法》关于夫妻权利义务的规定。

2.同居关系

(1)同居关系的认定。1994年2月1日民政部《婚姻登记管理条例》公布实施之前形成的未办理结婚登记而以夫妻名义共同生活的男女,在1994年2月1日之后尚未符合结婚实质要件的,应认定为同居关系;1994年2月1日民政部《婚姻登记管理条例》公布实施以后形成的未办理结婚登记而以夫妻名义共同生活的男女,无论男女双方是否符合结婚实质要件,只要未补办结婚登记的,都应认定为同居关系。

(2)同居关系不具有婚姻的效力。在同居期间一方死亡,另一方不得以配偶身份主张享有继承权。

(3)法院不受理解除同居关系的案件,但涉及财产分割和子女抚养问题的,可以受理。

(4)当事人同居期间所得的财产,按共同共有处理,但有证据证明为当事人一方所有的除外。当事人所生的子女,适用《婚姻法》有关父母子女的规定。

【典型案例(一)】

未办结婚登记不得提出离婚

原告索朗与被告拉巴(司机)于2000年以夫妻名义共同生活,但一直没有办理结婚登记;2002年,双方生育一个男孩(6岁)。二人同居期间经营小卖部,生意很好,在镇上盖了一栋两层房屋,共12间,价值约11万元。现在双方有107000元现金,价值27000元的小汽车一辆,价值5000元的虫草,均由男方保管;双方有共同债权117000元,共同债务255500元。2008年,双方因家务琐事发生矛盾,索朗向法院起诉,要求与拉巴“离婚”,孩子由其抚养,并平分家产。经法院释明,原告放弃了“离婚”诉讼请求。

法院最后判决男孩由原告索朗抚养,被告负担14400元抚养费。双方同居期间共同居住的12间房屋归原告索朗所有,原告给付被告折价款25000元。

【以案说法(一)】

原告索朗与被告拉巴未经法定结婚登记,以夫妻名义共同生活将近8年,属同居关系,且双方均不属于有配偶者与他人同居的情形,故原告提出的离婚之诉实质上本是解除同居关系之诉。按照最高人民法院《关于适用〈中华人民共和国婚姻法〉若干问题的解释(二)》(以下简称《婚姻法解释(二)》)第1条的规定,当事人起诉请求解除同居关系的,人民法院不予受理。但当事人请求解除的同居关系,属于《婚姻法》第3条、第32条、第46条规定的“有配偶者与他人同居”的,人民法院应当受理并依法予以解除。当事人因同居期间财产分割或者子女抚养纠纷提起诉讼的,人民法院应当受理。本案中,法院对于原告提出的解除同居关系的诉讼请求不予受理,但仍依法对双方财产分割和子女抚养纠纷做出处理。

在小孩抚养问题上，因小孩只有6岁，尚需精心照顾，被告系驾驶员，经常出车在外，难以有足够的时间照顾孩子，本着有利于未成年人成长的原则，小孩应由原告抚养，被告应当支付抚育费。

同居期间的共同财产是指由双方共同管理、使用、收益、处分以及用于清偿债务的财产。原告索朗与被告拉巴不属于夫妻关系，故其共同财产不能认定为夫妻共同财产，而对其同居期间的财产可以按照共同共有关系处理。双方解除同居关系后，应当按照照顾子女和女方权益的原则进行共同财产分割。

【典型案例(二)】

同居期间财产不能视为夫妻共同财产

李某与罗某于2000年相识并开始同居，二人同居后未登记结婚。罗某于2004年7月以按揭贷款方式购买房产一套，于2005年取得房屋所有权证书，产权人为罗某。罗某在购买及居住使用上述房产时，以个人名义先后与相关单位签订《商品房买卖合同》《个人住房按揭合同》《住宅装饰装修协议书》等协议。罗某于2010年将该房产转让给他人。

李某知道后诉至法院，称罗某因另有新欢而提出分手，并对李某态度冷漠，夜不归宿，李某为家庭为孩子尽心尽力，工资收入均交由罗某管理，因此要求分割罗某名下房屋及存款等其他财产。罗某认为两人不存在同居关系，其房产等都是其个人所有财产，不同意分割财产。

法院最后判决不支持李某要求分割罗某名下房屋及存款等其他财产的诉讼请求，但考虑到李某在与罗某同居期间不可避免地对罗某及其子女生活有所照顾，在双方解除同居关系后，罗某理应给予相应补偿款，故判令罗某给予李某经济补偿款5万元。

【以案说法(二)】

李某、罗某对外以夫妻名义在一定长的时期内共同生活，故李某与罗某之间存在同居关系。本案中，李某主张曾登记于罗某名下的房产系双方共同投资购买所得，罗某对此予以否认。因李某未能提交有效证据证实其在双方同居期间发生财产混同及在罗某购房时有共同出资行为，而罗某购买房产的相关手续均以罗某本人名义办理，且双方未对该房产的所有权及出资做出明确约定，故李某的该项诉讼请求不应被支持。李某主张分割罗某名下的存款、股票、基金，罗某否认李某有出资行为，李某亦未提交证据证实罗某的上述财产中有李某的出资，故李某的该项主张也不应被支持。

根据最高人民法院《关于人民法院审理未办结婚登记而以夫妻名义同居生活案件的若干意见》第10条规定，解除非法同居关系时，同居生活期间双方共同所得的收入和购置的财产，按一般共有财产处理。故婚姻关系期间的一方或双方所得的财产除法律明文规定外，均为夫妻共有财产；而同居关系期间的财产，如系一方个人取得的财产，则为个人财产，对于有证据证明双方共同出资、共同取得的财产，才可被认定为共同共有。因此，同居关系期间的个人所得财产均归一方所有，同居人在无证据证明财产系共同出资取得而请求分割时，法院驳回诉求是正确的。

【法条链接】

婚姻法解释(二)

第一条　当事人起诉请求解除同居关系的，人民法院不予受理。但当事人请求解除的同居关系，属于婚姻法第三条、第三十二条、第四十六条规定的“有配偶者与他人同居”的，人民法院应当受理并依法予以解除。

当事人因同居期间财产分割或者子女抚养纠纷提起诉讼的，人民法院应当受理。

【扩展阅读】

同居关系解除时的法律纠纷[①]

同居关系作为一种社会现象由来已久，婚姻家庭关系的多元化倾向已不可逆转。

针对这种现象，调查者们提出了以下建议：(1)对事实婚姻应采取相对承

①详见《同居关系解除时的法律纠纷——关注婚姻法执行中的问题系列报道》，http://www.chinalawedu.com/news/16900/174/2004/11/re2999219341111400028628_138040.htm

认主义,顺应中国传统的婚姻习俗,符合现代社会保护弱者利益的法律制度价值;(2)加强对同居关系的法律调整。

曾经看过一个美丽的标题:《同居——走向天堂之路》,它说"爱情飘忽不定,但是婚姻却是要求稳定的,联系的是责任、义务、财产、子女、道德、舆论。婚姻和爱情的冲突与矛盾不可避免,于是同居便成为寻梦者的走向天堂之路"。其实,这款罗曼蒂克的梦境在现实中常常被击得粉碎。

原本以为可以对"好则合、恶则散"的原则身体力行的同居者,在分手时究竟为何以官司相见?他们的主张和利益得到支持了吗?中国法学会婚姻家庭法学研究会进行了题为《婚姻法执行中的问题》调查,调查案卷时间范围是2001年4月至2002年12月,共计阅卷1869份,从中发现了一些同居关系解除时发生纠纷的规律,并找出了相关法律在执行中存在的问题。人们为什么不到法院解除同居关系?根据现有的法律规定,同居关系的建立未经法律途径,其解除也无须经过法律途径,自行解除即可。但当事人对于同居关系的解除及其后果达不成协议的,只能诉诸法律。

调查发现,在离婚案件中,同居关系所占比例较小,事实婚姻更少。在北京市某中级人民法院2001年5月至2002年12月审结的所有涉及离婚的1032件上诉案件中,仅有26件与事实婚姻或同居关系有关,占2.5%。解除同居关系的案件中,同居者以中青年和文化素质低者为主。

这种案件比例出乎调查者意料之外,他们认为原因有二:一是在解除同居关系前办理结婚登记的规定未得到大多数同居者的认同。当一段两性关系将要解除之时,却要专为解除关系而先办理缔结关系的手续,这似乎使当事人在心理和感情上均难以接受,哈尔滨的调查结果——不同意补办结婚登记手续的上诉人和被上诉人各占50%,就说明了这一问题。二是说明了当事人自知其同居关系不受法律保护,故不主动到法院要求救济,而多采取自力救济的方式,自行私下解决。这种状况往往使弱势一方的利益无法得到保护。

据记者了解,在城市里,未婚同居者一般只有两种极端的结果:要么结婚,要么分道扬镳。同居时,如果女方怀孕,一般都到医院做人流,因为双方都知道,没结婚生孩子将遇到诸如生育指标、给孩子上户口、入托、上学等实际困难,而且有了孩子后,如果双方不能结婚最终分手,任何一方都应对孩子负有抚养责任,要想再和别人结婚也很困难。所以更多的同居者在分手时双方没有财产的复杂纠缠,更没有非婚生子女的困扰,也就无须到法院办理解除同居关系的法律手续了。

婚姻家庭法学研究会的这项调查显示，同居关系与婚姻关系相比很不稳定，同居2年以下就要分手的，在哈尔滨的调查中占60%，在北京的调查中占38.4%。该调查表明，在同居者中，有四个阶段容易发生纠纷：一是1年以下，占33%；二是1～2年，占27%；三是3～4年，占12%；四是5～6年，占9%。此外，7～10年、11～15年的各占3%。需要注意的是，仍有一些同居者的同居关系比较稳定，北京的调查中有34.6%的同居者同居时间超过5年。对于这些同居者，特别是他们之中的弱者，包括妇女儿童的权益如何保护，应当引起立法者和司法者的思考。

★ 权益受损多为女性和儿童

一旦未婚同居结出了“果实”，女方和子女的利益如何得到法律的保护？大量事实表明，他们往往是悲剧的主角。

一名叫阿傅的女子数年前来到广州一间酒家打工，认识了到这里就餐的亚培。亚培隐瞒了自己的婚姻事实，向阿傅展开了热烈追求，不久阿傅生下儿子阿希，孩子出生证父亲一栏写着亚培的名字，如今已经7岁的阿希读小学一年级。去年3月1日，亚培因心脏病突发死亡，留下了80万元巨额遗产。

阿傅充当阿希的代理人，将亚培的法定继承人(母亲、妻子及4名婚生子女)告上法庭，称阿希有权继承遗产，要求被告返还给阿希10万元，还出示了写有亚培是阿希父亲的证明档案和阿傅与亚培的合影。广州市某区法院认为，阿傅提供的全部是间接证据，原告要求继承遗产，必须证明他与死者间存在血缘关系。但是，由于亚培已经死亡，无法做亲子鉴定。阿傅的诉讼请求被驳回。

据《南方都市报》报道，深圳每年有五六百宗告上法庭解除“同居关系”的官司，90%由女方提出，85%以上被告为香港人，女方起诉的目的多为分割财产和解决非婚生子女的抚养问题。法院的张庭长说，为了确定孩子的真实父母，在开庭前，法院还将对孩子和原、被告双方进行“亲子鉴定”。不少案件即便立了案，但被告在香港迟迟不肯过来，深港存在“一河之隔”，根本没法审理，法院处于一种尴尬的境地。即便开庭判决下来，不少案子的执行也常常遇到地域相隔的障碍。

★ 当事人争执的焦点

根据对哈尔滨的调查，当事人争执的焦点既有单一原因，也有综合原因。居首位的是财产分割，占60%；居第二位的是住房，占15%；居第三位的是子女抚育费，占12%；居第四位的是债务的清偿和是否解除同居关系，各占9%。此外，还包括财产返还、精神补偿、经济帮助等纠纷。

在北京的调查中，有共同财产的案件中平均分割的占54.5%，女方多分的占9.1%，男方多分的占36.4%。对哈尔滨的调查结果与北京的接近，平均分割共同财产的占63%，女方多分的占15%，男方多分的占12%。从分割财产的结果看，均分财产的比例居首位。但由于法律上没有明确规定，对分割同居期间的财产是否要保护女性，法官的理解有所不同，这就造成了在北京的审判实践中，男方多分财产的比例大大地多于女方，而在哈尔滨则女方多分财产的比例高于男方。

★ 子女的抚养费少得可怜

依照现有法律的规定，同居期间所生子女应属非婚生子女。但《婚姻法》明确规定，非婚生子女享有与婚生子女同等的法律地位。因此，解除同居关系后，子女与其父母的权利义务关系仍然不变，只是变更了抚养的形式。此次调查证实，解除同居关系后，子女以随母亲生活为主，在哈尔滨达到100%，除5名子女成年独立生活外，子女均由女方抚养。在北京，64.7%的女方得到了对独生子女的抚养权，还有一例是女方育有两名子女，全归女方抚养。

在大多数子女由母亲抚养的情况下，子女抚养费是如何给付的呢？在北京涉及抚养费给付的案件中，绝大多数采用分期给付的方式，每月100～200元的占75%；每月201～500元的占8.3%；每年3001～5000元的占8.3%；只有一例给付方采取了一次性给付的方式，数额达到10万元以上。总体上，子女抚养费数额偏低，北京市每个人的最低生活保障标准是290元，75%的给付方（主要是父亲）每月只给付100～200元生活费，而直接抚养子女的母亲大部分是农民或处于无业状态（占61.5%）的无业者。根据最高人民法院《关于人民法院审理离婚案件处理子女抚养问题的若干意见》的司法解释，抚养费应按给付方月总收入的20%～30%的比例支付。但在案件的统计中，80%以上的案件都没有涉及当事人的收入状况，在几例提供了收入证明的案件中，当事人提供的也只是月基本工资而非月总收入的证明。子女抚养费数额偏低，必然造成子女生活水平的下降甚至处于贫困状态。对此，法律应考虑加大对未成年子女的保护力度。

三、无效婚姻与可撤销婚姻

【精讲精析】

新《婚姻法》增设了原《婚姻法》没有规定的无效婚姻和可撤销婚姻制度。所谓无效婚姻，是指欠缺婚姻成立的法定条件而不发生法律效力的违法婚姻，也就是法律不予承认和保护的婚姻。有下列情形之一的，婚姻无效：(1)未达到法定婚龄的；(2)重婚的；(3)有禁止结婚的亲属关系的（当事人为直系血亲或三代以内的旁系血亲）；(4)当事人患有医学上认为不应当结婚的疾病，婚后尚未治愈的。

只要是无效的婚姻，从一开始起就不具有法律效力，当事人之间也不具有夫妻之间的权利和义务，应当予以解除。

谁可以提出解除无效婚姻？首先，任何人发现无效婚姻，都有权检举和揭发；其次，当事人以及利害关系人可以向婚姻登记机关或人民法院提出该婚姻无效；第三，婚姻登记机关和人民法院发现有无效婚姻的，应当主动依职权解除该婚姻关系。

婚姻登记机关和人民法院查明确实是无效婚姻时，应当收回被骗取的结婚证，宣告该婚姻无效，解除当事人之间的同居关系，并对同居期间的财产及所生子女问题做适当处理。

《婚姻法》第11条规定："因胁迫结婚的，受胁迫的一方可以向婚姻登记机关或人民法院请求撤销该婚姻。"因为胁迫当事人结婚，违反了婚姻自由和结婚完全自愿的原则。所以，法律赋予受胁迫一方撤销该婚姻的权利。但是申请撤销婚姻，应当在结婚登记之日起1年内提出。被非法限制人身自由的当事人请求撤销婚姻的，应当自恢复人身自由之日起1年内提出。法律规定以上的时间限制，既是尊重当事人的主观意愿，同时也是出于维护婚姻稳定的目的。无效婚姻存续期间所得的财产，由当事人协议处理；协议不成时，由人民法院根据照顾无过错方的原则判决。

由于无效婚姻不具有婚姻的法律效力，所以，无效婚姻存续期间的财产不能认定为夫妻共同财产，只能按一般共有财产对待。这就是指共有各方根据各自对共有财产的贡献大小，按比例分享。当然，并不是说所有的无效婚姻在分割财产时都完全按以上规定处理，最高人民法院《关于人民法院审理未办结婚登记而以夫妻名义同居生活案件的若干意见》第8条规定,人民法院审理非法同居关系的案件,在具体分割财产时,应照顾妇女、儿童的利益,考虑财产的实际情况和双方的过错程度,妥善分割。此外,还有两项特别规定:(1)一方在非法同居期间患有严重疾病未治愈的,在分割财产时,应予以适当照顾,或者由另一方给予一次性的经济补助;(2)在同居生活期间一方死亡,另一方是依靠死者扶养且缺乏劳动能力又没有生活来源的人,或者另一方对死者扶养较多,可以分给他(她)适当的遗产。以上这些规定,虽然是针对未办结婚登记的非法同居关系而言的,但对于无效婚姻来说,也同样具有指导意义。

对于无效婚姻存续期间的债权债务问题,要根据实际情况分别处理:(1)如果所享有的债权或所承担的债务纯属个人支配,则另一方对此不享有权利,亦不承担义务;(2)如果所享有的债权来源于双方的共同劳动所得,所承担的债务用于共同的生产、生活,则由双方共同享有债权和承担债务。

此外,对于因重婚造成婚姻无效的情况,在分割财产时婚姻法做了明确规定,不得侵犯合法婚姻当事人的财产权益,即在解除因重婚造成的无效婚姻时,凡属于合法婚姻当事人的合法财产,不能分割给第三者。这是针对重婚现象,以及有的人甘愿为"二奶"花钱,有的人以当"二奶"作为挣钱的手段而提出来的。这样规定,有利于遏制"二奶"的非法目的,保障合法妻子的财产权益。

【典型案例(一)】

结婚25年的表兄妹离婚案

某镇张村农民刘某(女)的母亲与李村农民胡某(男)的母亲是同胞亲姐妹。刘某与胡某系亲表兄妹。1986年1月14日,双方隐瞒了法律上禁止结婚的亲属关系,在乡民政所登记结婚,婚后相继生育了两个儿女,现均已成年。婚后二人因性格不合,经常发生口角,夫妻之间矛盾加深,分居长达8年。2010年11月,刘某以夫妻感情破裂无法继续生活为由,向县人民法院提出离婚诉讼,要求法院解除二人的婚姻关系。

法院经审理,依照《中华人民共和国婚姻法》第10条、《中华人民共和国民事诉讼法》之规定,宣告刘某、胡某的婚姻无效。

【以案说法(一)】

本案中,刘某和胡某系亲表兄妹关系,属三代以内旁系血亲,二人结婚属于《婚姻法》规定的禁止结婚情形。二人虽然在民政部门办理了结婚登记手续,但是双方的婚姻自始无效,依法应当予以解除。

【典型案例(二)】

受胁迫结婚的当事人其撤销权如何行使?

李女士被人贩子拐卖给一山区农民赵某为妻,在赵某的强迫下,两人于2005年5月去民政部门登记结了婚,并生下一子。李女士本不想留在当地,后来觉得赵某对她还挺好,又舍不得丢下孩子,想来想去,也就不走了。2008年9月,李女士发现赵某染上赌博的恶习,对家庭和孩子越来越不管不问。后来,李女士就以受胁迫结婚为由申请撤销该婚姻。

法院受理该案后,经审理,依照《婚姻法》第11条的规定,驳回了李女士的诉讼请求。

【以案说法(二)】

本案涉及的是撤销权的期限问题。结婚是人生的大事,每一个公民对自己的婚姻都有完全的自主权。《婚姻法》第11条规定,因胁迫而结婚的,受胁迫一方可以向婚姻登记机关或法院请求撤销该婚姻。受胁迫的一方撤销婚姻的请求,应当自结婚登记之日起1年内提出。被非法限制人身自由的当事人请求撤销婚姻的,应当自恢复人身自由之日起1年内提出。这里讲的胁迫,是指行为人以给另一方当事人或者其近亲属的生命、健康、财产等方面造成损害要挟,迫使另一方违背真实意愿结婚的情况。当事人在受胁迫结婚的情况下,行使撤销权必须在1年内行使,否则,就视同放弃撤销权。本案中,李女士应在2005年5月至2006年5月期间去申请撤销婚姻。但是,李女士放弃了1年内行使撤销婚姻的权利。李女士在2008年去申请撤销婚姻时早已超过了1年期限。因此,李女士的诉讼请求不会得到法院的支持。李女士如果想解除婚姻关系,可以和赵某协议解除婚姻关系,也可以向法院起诉要求解除婚姻关系。

【典型案例（三）】

男方隐瞒艾滋病的婚姻无效

2009年7月，原、被告双方于朋友聚会时认识，因两人十分投缘，次年初便确立恋爱关系，并于当年12月办理了结婚登记手续。但在婚后，男方却一直以不想要孩子为由不与女方生育子女，后在女方的一再追问和要求下，男方只好坦白在婚前已确诊患有医学上认为不应当结婚的疾病——艾滋病，女方听后如五雷轰顶。

之后，男方经传染病医院检测确诊为患有艾滋病，女方便向法院提交诉状，请求认定其与男方的婚姻关系自始无效。庭审中，男方当庭承认病情为婚前确诊，婚后经多方治疗未愈。

法院判决支持了原告的诉求，认定双方婚姻关系无效，且依照相关法律规定，该判决一经做出即发生法律效力，双方当事人不得上诉。

【以案说法（三）】

本案中，被告在患有医学上认为不应当结婚的疾病的情况下，仍隐瞒事实，与原告登记结婚，违反了《婚姻法》的相关规定，该行为是《婚姻法》禁止结婚的情形，因此，双方婚姻关系自始无效。

【法条链接】

中华人民共和国婚姻法

第十条 有下列情形之一的，婚姻无效：

（一）重婚的；

（二）有禁止结婚的亲属关系的；

（三）婚前患有医学上认为不应当结婚的疾病，婚后尚未治愈的；

（四）未到法定婚龄的。

第十一条 因胁迫结婚的，受胁迫的一方可以向婚姻登记机关或人民法院请求撤销该婚姻。受胁迫的一方撤销婚姻的请求，应当自结婚登记之日起一年内提出。被非法限制人身自由的当事人请求撤销婚姻的，应当自恢复人身自由之日起一年内提出。

第十二条 无效或被撤销的婚姻，自始无效。当事人不具有夫妻的权利和义务。同居期间所得的财产，由当事人协议处理；协议不成时，由人民法院根据照顾无过错方的原则判决。对重婚导致的婚姻无效的财产处理，不得侵害合法婚姻当事人的财产权益。当事人所生的子女，适用本法有关父母子女的规定。

婚姻法解释(二)

第一条 当事人起诉请求解除同居关系的，人民法院不予受理。但当事人请求解除的同居关系，属于婚姻法第三条、第三十二条、第四十六条规定的“有配偶者与他人同居”的，人民法院应当受理并依法予以解除。

当事人因同居期间财产分割或者子女抚养纠纷提起诉讼的，人民法院应当受理。

第二条 人民法院受理申请宣告婚姻无效案件后，经审查确属无效婚姻的，应当依法做出宣告婚姻无效的判决。原告申请撤诉的，不予准许。

第三条 人民法院受理离婚案件后，经审查确属无效婚姻的，应当将婚姻无效的情形告知当事人，并依法做出宣告婚姻无效的判决。

第四条 人民法院审理无效婚姻案件，涉及财产分割和子女抚养的，应当对婚姻效力的认定和其他纠纷的处理分别制作裁判文书。

第五条 夫妻一方或者双方死亡后一年内，生存一方或者利害关系人依据婚姻法第十条的规定申请宣告婚姻无效的，人民法院应当受理。

第六条 利害关系人依据婚姻法第十条的规定，申请人民法院宣告婚姻无效的，利害关系人为申请人，婚姻关系当事人双方为被申请人。

夫妻一方死亡的，生存一方为被申请人。

夫妻双方均已死亡的，不列被申请人。

第七条 人民法院就同一婚姻关系分别受理了离婚和申请宣告婚姻无效案件的，对于离婚案件的审理，应当待申请宣告婚姻无效案件做出判决后进行。

前款所指的婚姻关系被宣告无效后，涉及财产分割和子女抚养的，应当继续审理。

【扩展阅读】

农村早婚现象面面观[①]

中国历史上有早婚的习惯,从宋朝到清朝的法定婚龄一般都是男16岁,女14岁。《勾践灭吴》中即有“女子十七不嫁,其父母有罪”一说。我国1950年《婚姻法》规定男20周岁,女18周岁始得结婚。1980年《婚姻法》鉴于我国人口膨胀问题的日益严峻,在原法定婚龄的基础上又各推迟2岁,确定男为22周岁,女为20周岁。然而,早婚现象仍然存在,尤其在农村,未达到法定婚龄而结婚的现象更为突出。

一、为何早婚频频发生

《中华人民共和国婚姻法》第6条规定,结婚年龄,男不得早于22周岁,女不得早于20周岁。所谓“早婚”是指男女青年未达到法定婚龄,不依《婚姻法》规定进行结婚登记,而依当地风俗举行结婚仪式,即以夫妻名义共同生活的行为。一方或双方未到法定婚龄即行结婚的,是无效婚姻,法律不予承认。

早婚主要涉及的人群是考试落榜者以及部分厌学务工务农者,而产生早婚现象的原因主要有以下几个方面:

第一,一部分人初中甚至小学尚未毕业,即由于种种原因过早地离开校园,无所事事,婚姻大事就被提上了日程,从某种程度上来说,婚姻对于青年也有较大的吸引力。一部分家长为了减轻家庭负担,增加家庭劳动力,而乐于见到子女“早婚”。

第二,外出务工对青少年的影响。不少青少年在辍学或者考试落榜以后,来到城市打工,学校或者田园间枯燥的生活使得他们对外面精彩的世界十分向往。男女青年在外打工,互相结识,产生爱慕之心,从而早早结婚。

第三,当地经济发展带来的影响。现在乡镇企业较多,男女青年共同工作,容易产生感情,进而引发早婚。

第四,未婚先孕。随着改革开放的深入,经济的发展,男女青年生理早熟,性观念以及伦理道德观开始发生变化,婚前性行为越来越多,为了摆脱社会舆论的压力,无论是否达到法定婚龄,大多数都“奉子成婚”。

---

①周静:《浅析农村早婚现象》,载《北大法律网·法学在线》,http://article.chinalawinfo.com/ArticleHtml/Article_68854.shtml.

第五，金钱的诱惑。这些年随着经济的发展，一部分人成了“先富一族”，甚至腰缠万贯，而一部分人则在贫困中挣扎。部分女青年为了摆脱贫穷，不惜以青春作为代价，“傍”上大款，早早结婚，而许多父母不但不制止，反而为“攀”上一门阔亲而自豪。

第六，旧的婚姻习俗的影响。早结婚、早生子、早得福的旧习俗，是早婚现象存在的社会基础。

第七，文化程度低，法制意识淡薄。早婚者大多数受教育程度在初中及以下，对于法律的规定所知甚少，很多人甚至是“法盲”。

第八，部分基层干部基于人情等原因，对早婚现象放任自流，不管不问，对于《婚姻法》宣传力度不够，监管不力。

二、早婚给社会带来什么

早婚的男女青年，由于年纪尚轻，生活阅历有限，对生活的了解还未透彻，往往是由于一时的冲动而结婚，这种婚姻很不稳定，会引发许多社会问题。

首先，男女双方由于年纪轻，思想不够成熟，不懂得婚姻的责任与义务，往往是因为一时冲动同居，在婚后经常会为一些琐事而发生口角，互相厮打，甚至要求离婚，引起许多民事纠纷，造成婚姻家庭的不稳定。由于未达法定婚龄即行结婚的，属于无效婚姻，法律不予保护，一旦发生纠纷，财产、子女等一系列的问题就会引发两人之间，甚至家庭、家族之间的矛盾。

其次，早婚不利于青少年的成长。青少年时期，正是学习科学文化知识以及生存技能的黄金时期，婚姻使早婚男女失去了学习技能的黄金时期。由于早婚而要过早地承担起生儿育女及操持家务劳动的重担，缺乏一技之能的早婚男女因此铤而走险，走上违法犯罪道路的不乏其人。

最后，早婚不利于计划生育的执行。“早婚”是违反《中华人民共和国人口与计划生育法》的行为，“早婚”所生的子女是非婚生子女，是地地道道的计划外生育。《中华人民共和国婚姻法》第16条规定，夫妻双方都有实行计划生育的义务。在早婚者当中大部分已经生育，有许多还在计划第二胎，甚至第三胎，严重阻碍了计划生育工作的进行。

三、如何减少“早婚”现象的发生

早婚，无论是给个人、家庭还是给社会，都带来了许多不安定的因素，那么如何减少早婚现象的频频发生，就成了迫在眉睫的大事。

首先，要普及教育，提高人们的文化素质。政府要加大对教育的投资力度，将教育作为发展中的头等大事，孩子们接受越多的文化知识，就越能摆脱社会上的一些恶习的影响。学校要引导青少年树立正确的性观念以及伦理道德观，树立正确的人生观，从茫然中走出来，从而能自觉地站出来抵制“早婚”。

其次，要加大法制宣传力度，提高村民的法律意识。以各种形式，比如举行学习讲座、发放宣传单等，向村民宣传《婚姻法》《人口与计划生育法》《婚姻登记管理条例》等法律、法规的规定，做好禁止早婚早育、提倡晚婚晚育的宣传教育工作。通过宣传教育，使村民们认识到早婚早育的危害。

再次，做好对早婚早育行为的综合治理，调动全社会各个阶层的积极性。制止早婚早育行为需要广大人民群众的支持与配合，对于早婚早育者依法给予处罚，对自愿晚婚晚育者则给予奖励。

最后，对“早婚”实行有效的社会控制和社会管理。政府婚姻管理部门加大监管力度，认真执行《婚姻法》，做好指导婚姻习俗的改革以及保护妇女权益的工作。提高婚姻登记管理人员的素质，严格依法做好婚姻登记管理工作，使早婚早育行为得到有效控制。

四、结语

我国《婚姻法》规定的结婚年龄在世界各国中属于年龄最高的，这是由我国的经济和人口发展状况决定的。破除旧的婚姻习俗是经济发展的需要。“生产发展、生活宽裕、乡风文明、村容整洁、管理民主”，这是中央对新农村建设的要求，新农村建设必将围绕这“二十字方针”进行。法制建设也是其中一项重要的内容，而与生活相关的《婚姻法》的贯彻实施尤为重要。目前，早婚现象依然频繁发生，但我们相信，随着社会的进步，新农村建设的不断深入，村民的法制观念的加强，早婚现象也必然越来越少，并逐渐消失。

第三单元　家和万事兴

——家庭成员的权利和义务

一、个人财产与夫妻共同财产

【精讲精析】

夫妻间的财产关系是婚姻法的一项重要内容,2001年修订的《婚姻法》对这一关系做了重要的补充和完善。该法明确规定了夫妻约定财产制的方式,完善了原有法定夫妻财产制的内容。

夫妻间的法定财产制又称补充财产制,是指夫妻在婚前或婚后没有对其选择适用的夫妻财产制进行约定或其约定无效时,依照法律规定所直接适用的夫妻财产制。设置法定夫妻财产制的目的,是为了保障夫妻在婚姻家庭共同生活中的经济需要,解决在夫妻没有对其选择适用的夫妻财产制进行约定或约定无效等情况下的夫妻财产所有权的归属问题。法定财产制是法律预先设置,仅在无财产制约定或约定无效的情况下才能直接适用的一种夫妻财产制,是对约定财产制的必要补充。

只要存在婚姻关系,就必然存在夫妻间的财产法律关系。婚姻关系当事人要么选择事先约定夫妻间的财产关系,要么就直接适用法律关于夫妻财产制度的规定。从这个意义上说,法定财产制的适用也是当事人对夫妻财产关系的一种选择。因此,法定夫妻财产制是一种普遍适用的财产制度。

《婚姻法》第17条规定:"夫妻在婚姻关系存续期间所得的下列财产,归夫妻共同所有:(一)工资、奖金;(二)生产、经营的收益;(三)知识产权的收益;(四)继承或赠予所得的财产,但本法第18条第三项规定的除外;(五)其他应当归共同所有的财产。"

从上述规定可以看出,修订后的《婚姻法》在法定夫妻财产制上沿用了婚后所得共同制。共同财产制是指夫妻双方财产的一部分或全部合并为共有财产,夫妻双方按共同共有原则行使权利、承担义务,婚姻关系终止时才予以分割。共同财产制符合婚姻生活共同体的本质特征,有利于保障夫妻中经济能力较弱一方(往往是妻方)的权益,实现夫妻家庭地位事实上的平等。

我国1980年《婚姻法》规定的法定财产制为婚后所得共同制,2001年《婚姻法》修订并未对此做出修改,而是将这一制度贯彻得更加彻底(取消了司法解释中的转化共有财产)。这样做是有充分理由的:首先,婚后所得共同制在20年的婚姻法律实践中已经为广大人民群众所接受,适用这一制度,我国绝大多数家庭的夫妻财产归属是明确的(实践中的夫妻财产纠纷多因共有财产分割而引起,并非因共有财产归属不明才产生)。其次,婚后所得共同制充分考虑到男女双方在经济收入和承担家庭义务等方面的实际差距,体现了男女平等和保护妇女合法权益的原则。再次,婚后所得共同制将夫妻个人财产、夫妻共有财产和其他家庭成员的财产做了严格界定,有利于保护公民个人的合法财产。

夫妻的个人财产是指归夫妻一方个人所有的财产。具体分为五类:(1)一方的婚前财产;(2)一方因身体受到伤害获得的医疗费、残疾人生活补助费等费用;(3)遗嘱或赠予合同中确定只归夫或妻一方的财产;(4)一方专用的生活用品;(5)其他应当归一方的财产。

在无法确定为个人财产或夫妻共同财产时,应推定为夫妻共同财产。

【典型案例(一)】

赠予个人的财产不属于夫妻共同财产

1999年11月,南方某镇农村的龙先生家私房被政府征收,分得安置房三套。其中一套坐落于某花苑,登记在龙先生及其兄长、母亲三人名下。2001年,龙先生与冯小姐登记结婚。

2003年,一家人经商议,龙先生母亲和哥哥将其名下的系争房屋产权份额以1万元的价格转让给龙先生。2007年,龙先生小两口购买了一套位于黄河路的房产,产权登记在二人名下。2011年3月,龙先生与冯小姐通过法院调解自愿离婚。双方在离婚时未分割夫妻共同财产。

随后不久,冯小姐提起了离婚后财产纠纷诉讼,提出要对双方婚姻关系存续期间出资购买的系争房屋三分之二产权作为夫妻共同财产进行平均分割。

一审法院判决对双方婚后购买的位于黄河路的房产进行折价分割,驳回了冯小姐其余诉讼请求。冯小姐不服,提起上诉。

二审法院审理后做出了维持原判的终审判决。

【以案说法(一)】

本案中,龙先生与其母、兄于2003年8月签订买卖合同,由龙先生母亲与龙先生的兄长将系争房屋三分之二的产权以1万元的价格转让给龙先生。实际上,三人之间分别系母子、兄弟关系,系争房屋是原私房拆迁安置所得的三套房屋之一,鉴于1万元的价格远低于系争房屋三分之二产权的市场价格,且并无证据证明龙先生实际支付1万元的情况,可认定为龙先生母亲与兄长将系争房屋三分之二产权赠予龙先生。上述赠予虽然发生在冯小姐、龙先生夫妻关系存续期间,但依据产权登记于龙先生一个人名下的事实,可推定为对龙先生个人的赠予。因此,系争房屋完全属于龙先生的个人财产,冯小姐无权要求对该房产进行分割。

【典型案例(二)】

丈夫买房给小三,妻子能否要回?

大李和小桃结婚20年,一家人其乐融融,日子过得和和美美。

但不久前,小桃无意间听到了一些关于大李在外有女人的传言。随着大李经常夜不归宿,且打电话变得越来越神秘,她怀疑大李是真的背着自己在外面养起了"小三"。这天,她悄悄地跟着大李出去,果然看到了大李与另外一个女人幽会,而这个女人竟然是曾经住在他们隔壁的老邻居阿梅。阿梅不是省油的灯,不但承认了与大李的"好事",而且还说出了一个惊天大秘密,让小桃一下子傻了眼。

原来,大李瞒着小桃,悄悄地把登记在他名下的一套夫妻共有的房屋卖掉了,而卖房的钱则被阿梅拿去买了一套新房,房产证上赫然写着大李和阿梅的名字。

这下小桃气疯了,这套房子可是她与大李用多年的积蓄买来的,且基于对大李的信任,房产证上也只登记了大李一个人的名字。现在不但夫妻感情没了,连带着自己多年的血汗钱也白白送给了“小三”。小桃越想越不服气,于是向法院提起了诉讼,要求法院判决该房产属于大李和自己共有。

一审法院经过审理,支持了小桃的诉讼请求。

【以案说法(二)】

大李在未告知小桃的情况下,擅自将登记在其名下的、实际是夫妻共有的房屋出售,此后利用售房款购买另一处房屋。从购买该套房屋的财产来源看,该房屋应当属于大李与小桃的夫妻共有财产。

同时,根据最高人民法院《关于贯彻执行〈中华人民共和国民法通则〉若干问题的意见(试行)》第89条及《合同法》第52条第二项的规定,大李在与小桃夫妻关系存续期间,未经小桃同意,擅自将属于夫妻共同所有的房产出售,且利用该售房款购买新房时,又擅自将一半产权赠予“小三”阿梅。大李擅自处理夫妻共同财产及擅自赠予的行为,实际侵害了小桃的合法权利,应当被认定为无效行为。

最高人民法院《关于适用〈中华人民共和国婚姻法〉若干问题的解释(三)》(以下简称《婚姻法解释(三)》)第11条明确规定,一方未经另一方同意出售夫妻共同共有的房屋,第三人善意购买、支付合理对价并办理产权登记手续,另一方主张追回该房屋的,人民法院不予支持。本案中,“小三”阿梅曾是大李与小桃的邻居,应当知晓两人夫妻关系,因此她不属于“善意第三人”,且阿梅在购买系争房屋时也未出过资,所以她不符合善意取得房屋一半产权的资格的情形。

此外,《婚姻法解释(三)》第4条明确规定,婚姻关系存续期间,夫妻一方请求分割共同财产的,人民法院不予支持,但一方有隐藏、转移、变卖、毁损、挥霍夫妻共同财产或者伪造夫妻共同债务等严重损害夫妻共同财产利益行为的除外。

据此,一旦大李的行为被认定为恶意转移夫妻共同财产,则小桃可以在不离婚的情况下,要求分割共同财产。这样,小桃就再也不用担心自己辛苦的付出被大李轻易“挥霍”了。

【典型案例(三)】

未经配偶同意卖房,善意第三人不退房

阿香和阿东是夫妻关系,二人有一套住房。1999年,二人以阿东的名义在房产管理局领取了房屋所有权证。2002年7月,阿东在阿香不知道的情况下和本单位的职工陈某签订了一份《房屋买卖契约》。该契约约定:由阿东将其住房及部分家具以52000元的价格卖给刘某;刘某付清房款后,阿东将房屋及房屋所有权证交付给刘某。契约签订后,刘某付清了房款,阿东也将房屋及房屋所有权证交付给了刘某。但当刘某对房屋进行装修时,阿香阻止其装修,双方发生矛盾。阿香起诉至法院,并称:自己已经和阿东离婚,且离婚时双方约定房屋归自己所有,现阿东在其不知道的情况下私自将房屋出售,所以阿东和刘某之间买卖房屋的行为应该无效,故请求法院判决由刘某返还其房屋。诉讼中,阿香向法院提交了民政局为其与阿东颁发的离婚证。但刘某认为阿东和阿香的离婚证是在房屋买卖之后补发的,不具有真实性。法院在审理期间,民政局做出决定,撤销了阿香和阿东的离婚登记,宣布其离婚无效。

法院经审理,根据最高人民法院《关于贯彻执行〈中华人民共和国民法通则〉若干问题的意见(试行)》第89条和最高人民法院《关于适用〈中华人民共和国婚姻法〉若干问题的解释(一)》第17条的规定,确认刘某和阿东之间的买卖房屋行为有效,驳回阿香请求刘某退还房屋的诉讼请求。

【以案说法(三)】

本案争议的房屋在房屋管理部门登记的产权人是阿东,卖房时阿东也将房屋及房屋所有权证都交付给了刘某,所以刘某在购买房屋时有理由相信该房屋的产权没有争议,产权人就是阿东。虽然阿香称其和阿东离婚后双方已定下协议房屋归阿香所有,阿东未经阿香的同意无权处分该房屋,但由于阿香和阿东之间的离婚登记已被民政部门撤销,所以阿香的主张没有事实和法律依据。刘某和阿东达成的房屋买卖协议,没有违背有关法律的规定,是双方真实意思的表示,刘某作为善意的第三人,其合法权益应该受到保护。

【法条链接】

最高人民法院《关于贯彻执行〈中华人民共和国民法通则〉若干问题的意见》

第八十九条　共同共有人对共有财产享有共同的权利，承担共同的义务。在共同共有关系存续期间，部分共有人擅自处分共有财产的，一般认定无效。但第三人善意、有偿取得该财产的，应当维护第三人的合法权益；对其他共有人的损失，由擅自处分共有财产的人赔偿。

婚姻法解释（三）

第四条　婚姻关系存续期间，夫妻一方请求分割共同财产的，人民法院不予支持，但有下列重大理由且不损害债权人利益的除外：

（一）一方有隐藏、转移、变卖、毁损、挥霍夫妻共同财产或者伪造夫妻共同债务等严重损害夫妻共同财产利益行为的；

（二）一方负有法定扶养义务的人患重大疾病需要医治，另一方不同意支付相关医疗费用的。

第十一条　一方未经另一方同意出售夫妻共同共有的房屋，第三人善意购买、支付合理对价并办理产权登记手续，另一方主张追回该房屋的，人民法院不予支持。

夫妻一方擅自处分共同共有的房屋造成另一方损失，离婚时另一方请求赔偿损失的，人民法院应予支持。

【扩展阅读】

婚后财产约定到底为了个啥？[①]

俗话说，“亲兄弟，明算账”。如今，越来越多的夫妻之间也在“明算账”——签订婚后财产协议，明确约定财产归属，以免离婚时陷入纠纷。与婚前财产约定相比，婚后财产约定的内容更为复杂。

①详见《婚后财产约定到底为了个啥？》，http://build.0551fangchan.com/fc0newscon_17301.html.

一方面,婚后财产约定为将来可能出现的离婚打下"埋伏",对人们的观念造成了一定的冲击;另一方面,婚后财产约定一清二楚,减少了离婚纠纷,有的还稳固了现有婚姻关系。正是在这种看似矛盾的情形下,婚后财产约定在济南方兴未艾,一些夫妻不但签订协议,还专门去做公证。

★ 结婚十几年忽然忙起"分家"来

车辆一部,归女方所有;位于某处的房产一套,归女方所有;该房屋中家具全部归女方所有;双方工资收入仍为共同财产。"这样规定行不行,将来离婚的时候法院支持不支持?"最近,42岁的刘女士四处找律师咨询。她最终和丈夫签订了一份婚后财产约定,内容与上述情况差不多。

刘女士结婚16年了,今年春节期间发现丈夫出轨。丈夫表示悔改,可她怎么也咽不下这口气,更担心将来可能会离婚。经过朋友指点,她决定跟丈夫"分家",把财产归属约定清楚,再重新过日子。丈夫可能是真心悔改,对于刘女士的要求,没有提出异议。刘女士为自己找好了退路,心里则踏实了许多。

日前,在山东某律师事务所,记者还了解到这样一个事例:一对年轻夫妻前来咨询如何做婚后财产约定。内容比较简单:5年内如果离婚,目前所住的房子归男方所有;如果5年内没有离婚,房产即可视为共同财产。

原来,这套房子是男方婚前购买的。按照法律规定,该房产属于男方的个人财产。女方觉得,双方共同生活,既然已经有了房子,自己就不会再攒钱买房子,钱肯定还会用在别的地方。如果不做约定,将来一旦离婚,按规定房产不会平分,自己的生活会大受影响。因此,在她的要求下,与老公签下了这样一个财产约定。

★ 婚后财产约定成为"防出轨"利器

最近几年,婚前财产约定少了,婚后财产约定却大幅上升。业内人士认为,约定婚后财产的归属,能够减少一方给另一方带来的伤害。

目前,夫妻财产的分割,有约定的按照约定执行,没有约定的按法律规定执行。这也就意味着,如果夫妻双方没有任何约定,离婚时,婚前财产各归各的,共同财产平均分割(能够证明一方有过错的除外)。

现实生活中,家庭暴力、出轨等婚姻伤害屡见不鲜。如果夫妻双方离婚,过错方应少分割财产,受害方应该多分。不过,对于这些伤害的证据搜集很难,受害方往往有苦难言,最终只能平均分割财产。在婚姻存续期间,一些受害方或担心自己受害的一方会要求配偶签订财产分割协议,直接将共同财产中的大部分分给自己,或者规定一旦离婚,大部分财产归自己。"丈夫能够接受这种约定,说明他有改正的诚意。同时,财产大部分归我,他如果再想出轨,那就得掂量掂量。即便不能防止他出轨,最后实在要离婚,我也能最大限度地保护自己的权益。”采访中,一位最近刚和丈夫签订婚后财产协议的女士这样说。

★ 离婚率增高,主动做公证的人日趋增多

2000年到2008年,济南市离婚夫妻的对数增加了3.98倍,年均增长比20%还多。随着离婚率的增高,财产分割纠纷相应上升。

济南泉城公证处公证员徐某说,近两年,婚后财产约定一直呈增长趋势。每年她接手约15起婚后财产公证。前来做公证的主要包括富二代和再婚者,尤其是老年再婚群体居多。

由于观念上有些阻碍,婚后财产约定才刚刚兴起。一些人即便做了约定,也不去做公证。他们认为,双方签字的约定同样有法律效力,去做公证就显得太招摇了。实际上,婚后财产约定是否公证,效力并不相同。经过公证的约定,在诉讼中可以免于检查,直接被采信。如果仅仅是夫妻双方签订协议,有些财产问题,到时候还需要调查取证。

据悉,夫妻双方在自愿的基础上签订合法的协议书,并附带相关财产清单和凭证,就可以申请公证。一般三四天可以完成。

★ 能否约定一旦离婚对方就净身出户

“我想让丈夫签个协议,规定一旦离婚,他就净身出户。这样行不行?”在夫妻财产约定中,这样的问题屡屡被提起。

记者了解到,夫妻签订财产协议,内容可以自由约定。但是,约定不得违反法律强制性、禁止性的规定。

关于约定净身出户有无法律效力的问题,法律界有不同的理解。有人认为,既然签订了相关条款,又是当事人真实意思的表达,就该得到执行。有人则持相反观点,认为净身出户的要求过于苛刻,不符合婚姻自由的精神,不该支持。如果女方能够证明男方出轨,可以向法庭举证,由法庭判决男方少分财产,女方多分财产。

另外,如果夫妻双方收入悬殊或一方完全依靠另一方生活,约定“AA制”也是不合适的;如果约定一方有过错,另一方就得赔偿巨款(超出当事人的能力),这往往也不会有法律效力。总之,夫妻财产约定可以协商,不可以随意。约定的内容最好请律师把关,并做公证。

二、夫与妻

【精讲精析】

男女平等是我国《婚姻法》的一项基本原则。男女平等在婚姻法中主要体现在夫妻关系上，包括人身关系和财产关系，其中以人身关系为主，财产关系依附于人身关系。人身关系主要包括姓名权、参加活动自由、同居义务、忠实义务、日常家事代理权、扶养的权利和义务、计划生育的权利和义务以及配偶继承权等八项。

1.夫妻双方各有独立的姓名权。《婚姻法》第22条规定“子女可以随父姓，可以随母姓”，而在2001年新《婚姻法》颁布以前，原规定是“子女可以随父姓，也可以随母姓”，虽然只差了一个“也”字，但是原规定却体现出一种强烈的不平等感。2001年《婚姻法》的新规定，有利于彻底推翻“妻从夫姓”的封建传统，赋予已婚妇女独立的姓名权，维护已婚妇女的独立人格，是一种男女人格上的平等诉求。

2.夫妻双方都有参加各项社会活动的自由。《婚姻法》第15条规定，夫妻双方都有参加生产、工作、学习和社会活动的自由，一方不得对他方加以限制或干涉。这一条规定适用于夫妻双方，既是夫妻平等的标志，也是夫妻平等的保障。很明显，这条规定的立法宗旨是保护已婚妇女的人身权利和自由，以法律的形式禁止丈夫限制或干涉妻子的人身自由。这条规定有利于打破中国封建文化中“夫为妻纲”“出嫁从夫”等严重侵害妇女权利和自由的传统，是实行男女平等，保障妇女权利，促进妇女解放的迫切需要。

3.夫妻之间有互相扶养的权利和义务。《婚姻法》第20条规定，夫妻有互相扶养的义务。一方不履行扶养义务时，需要扶养的一方，有要求对方付给扶养费的权利。当前大部分家庭，女性收入低于男性，一旦男性对妻子及子女不闻不问或者只承担小部分扶养费用，这对收入本就不如丈夫的妻子造成很大的负担，加上大部分家庭由妻子承担一切家务，更是一种男女不平等的体现。所以，这项规定的出台，就是为了保护本身就处于弱势一方的已婚妇女，通过法律规定约束已婚男性承担起扶养妻子及子女的责任，有利于增强家庭成员的家庭责任感，实现婚姻家庭中的男女平等。

4.计划生育的权利和义务。《婚姻法解释（三）》第10条规定，夫以妻擅自中止妊娠侵犯其生育权为由请求损害赔偿的,人民法院不予支持;夫妻双方因生育问题发生纠纷,致使夫妻感情破裂,一方请求离婚经调解无效的,人民法院应准予离婚。这是关于生育纠纷的规定。所谓生育权,是指公民在法律和政策允许的范围内,按照自己的意愿决定有关生育问题并获得相应保障的权利。在《婚姻法解释(三)》颁布以前,我国的法律在生育冲突的解决上一直处于空白。由于封建传统的根深蒂固,妇女在家庭中地位低下,对丈夫的依赖以及经济压力等原因,妇女承担着生育的艰辛以及高风险,却得不到应有的保护,被当作传宗接代的工具,深受旧观念的残害,这是对男女平等的践踏和讽刺。《婚姻法解释(三)》的出台,填补了这方面的空白,同时也是法律在生育权上对女性的倾斜和保护,有利于保障女性在生育上的自由。

财产关系从属于人身关系,夫妻财产制度又称婚姻财产制,是调整夫妻财产的法律制度,是关于夫妻婚前和婚后取得财产的归属、管理、使用、收益、处分,以及债务的清偿和婚姻解除时财产清算的根据等方面的法律制度,主要包括法定财产制、约定财产制和个人特有财产制。男女平等在财产关系方面主要体现在以下几点:夫妻双方对于共同财产享有同等的权利;夫妻双方对于个人财产各自享有独立的权利;夫妻双方对于约定的财产按照约定享有权利;夫妻双方对于共同债务需承担同等责任,夫妻双方对于个人债务独立地承担责任。这是《婚姻法》在财产关系上对女性的保护,一定程度上有利于帮助女性摆脱经济上完全依赖丈夫和经济上不独立的问题,对促进男女平等有很大的帮助。

【典型案例(一)】

妻子私自堕胎,丈夫告状败诉

林女士和马先生于2006年元月结婚,不知什么原因,林女士婚后一直未孕。小两口多方求医,费尽周折,在2010年7月,林女士终于身怀六甲,马先生一家欣喜若狂,马先生的老母买好了婴儿服,专等孩子降生。可是,就在这年10月,林女士所在的公司准备提拔她担任公司副总经理,林女士想到了堕胎,但话一出口,遭到了马先生的强烈反对。林女士不想放弃升迁的好机会,几天后,林女士背着马先生悄悄地做了人流。知道此情后,马先生怒不可遏,一纸诉状将林女士告上了法庭,以林女士侵犯了其生育权为由,要求赔偿精神损失费10万元。

法院在审理后,依法驳回了原告马先生的诉讼请求。

【以案说法(一)】

生育权是指生育主体享有依法生育或不生育的自由,以及这种自由受到侵害、阻碍时,有请求法律保护的权利。也就是说,生育是权利,不生育也是权利。《妇女权益保障法》第47条第1款规定:“妇女有按照国家有关规定生育子女的权利,也有不生育的自由。”这就是说,生育权对于男女双方来说是平等的,但不等于说就是对等的。权利的平等不是对等,法律上的平等和事实上的平等也有一定的距离。由于生理特性的差异,男女双方在生育中的作用和负担是完全不同的,女性不仅在照顾、抚育子女方面要履行更多的义务,而且怀孕、生育和哺乳更是无法由男性替代的,因此,女性要独自承担更多的艰辛和风险,更多地赋权于女性,既是对妇女的人文关怀和特殊保护,也是法律公正的体现。具体到本案,被告怀孕以后,胎儿就成为被告身体的组成部分,原告生育权只能通过被告来实现,在双方意见不一致时,则只能依照被告的意愿决定,原告的生育权的实现是有条件的,原告生育权的实现,不得侵害被告的人身自由权。因此,被告在与原告产生矛盾的情况下,没有和原告协商,自行终止妊娠,其行为并未违反法律规定。法院没有支持原告主张的被告侵犯其生育权,要求被告赔偿其精神损害的请求,是完全正确的。

【典型案例(二)】

不离婚也能要求丈夫支付扶养费

刘某系行政单位的离退休职工,现年78岁,月工资收入3000余元。10年前与赵某(女)再婚。赵某无任何经济来源,再婚前赵某生育有二子一女,均已独立生活。再婚后两人经济来源为刘某的工资收入。10年来,刘某的工资收入一直交由赵某管理使用。后双方因不能妥善处理家庭矛盾而诉讼离婚,经法院调解和好。虽经法院调解和好,但双方矛盾依然尖锐,在这种情况下刘某将工资卡从赵某手中要回。赵某本来就没有经济来源,因再婚其子女也拒绝支付赡养费。赵某无奈,向人民法院提起诉讼,要求刘某履行夫妻间扶养义务，每月给付扶养费1000元，但没有提起离婚的诉讼请求。

法院判决被告每月支付原告扶养费600元。

【以案说法（二）】

在一些人的观念里，刘某和赵某在夫妻关系存续的情况下，钱无论由谁支配都是左手与右手的关系，属于两人之间的私人问题，法律对此不应过多干涉。应该说，上述意见有一定的合理性，最起码它指出了夫妻财产共有的特征，但对于这种基于夫妻共有财产的支配权，法律应否进行干涉呢？答案是否定的。如上文中所言，夫妻共有财产支配权的归属是属于夫妻私人事务，法律无权也不应过多干涉。但看到这一点的同时，我们更应该看到，从很大程度上讲，共有财产支配权毕竟不是法定的权利，而扶养费请求权却是法定的。所以，在法定请求权利面前，夫妻共同财产支配权就要受到一定的限制，只有在法定义务得到履行的情况下，相对“私人”的权利才能行使。因此，将法定扶养费请求权作为伦理道德调整范围的观点是错误的。

《婚姻法》第20条规定，夫妻有互相扶养的义务。一方不履行扶养义务时，需要扶养的一方有要求对方给付扶养费的权利。也就是说，夫妻相互扶养义务存在的前提是要有合法的婚姻关系存在，同时必须有一方当事人需要扶养，而另一方有扶养的能力，需要扶养的一方有权请求对方给付扶养费。目前，我国相关法律对在当事人未起诉离婚的情况下就扶养费给付问题单独提起诉讼没有进行限制，因此，法院没有理由对当事人的权利进行限制。本案原告在没有生活来源的情况下要求被告给付扶养费，其请求符合法律规定，应当予以支持。

【法条链接】

中华人民共和国婚姻法

第十三条 夫妻在家庭中地位平等。

第十四条 夫妻双方都有各用自己姓名的权利。

第十五条 夫妻双方都有参加生产、工作、学习和社会活动的自由，一方不得对他方加以限制或干涉。

第十六条　夫妻双方都有实行计划生育的义务。

婚姻法解释（三）

第九条　夫以妻擅自中止妊娠侵犯其生育权为由请求损害赔偿的，人民法院不予支持；夫妻双方因是否生育发生纠纷，致使感情确已破裂，一方请求离婚的，人民法院经调解无效，应依照婚姻法第三十二条第三款第五项的规定处理。

【扩展阅读】

印度的计划生育①

印度是世界上首个正式提倡"计划生育"政策的发展中国家。早在1952年，印度政府就提出要节制生育。1976年，印度前总理甘地夫人曾采取强硬措施推行节育，接近400万人在一个月内被强迫节育，引起广大民众的强烈不满，导致她在之后一年的大选中落败。其后上台执政的印度人民党随即抛弃了甘地夫人的强制节育计划，并宣布了一项新的人口政策——家庭幸福工程。此工程主要内容是节育以自愿为原则。尽管每个印度政党都意识到人口过多的消极影响，但都害怕触犯众怒，在历次的大选中，没有任何政治家敢再提出强制节育的口号。

2000年2月，印度政府出台了新的人口政策及相关文件，提出多项措施鼓励节育，包括独生子女在职人员家庭可在住房上得到较好待遇，做绝育最多的村子可优先获得饮水、灌溉和更多的福利保障，对"晚"生、"稀"生的妇女给予现金奖励，向做绝育的国民赠送自行车，为绝育的男子办理持枪执照等。尽管这些相关文件是印度历史上首个控制生育的纲要性文件，但仍未就一对夫妇到底可以生育几个孩子做出具体规定，更没有将其上升到法律的高度，不具有强制性，只是大致规划了到2045年实现人口零增长。文件同时决定成立国家人口委员会，由印度总理担任负责人。

可是这一切措施似乎成效不彰，这可能跟印度国内宗教问题以及民众的传统思想有关。印度几乎全民信教，而且教派众多，冲突此起彼伏，每个教派

---

①详见《计划生育·世界各国家和地区·印度》，http://zh.wikipedia.org/wiki/计划生育#.E5.8D.B0.E5.BA.A6 .

都不想限制自身的人口数量,以免处于劣势,因此,每个宗教几乎都鼓励多生育。例如,为了安抚穆斯林(约占总人口的12%),印度政府一直对其实行比较宽松的人口政策,结果不但使穆斯林人口增长迅速,而且还使其他教派尤其是印度教徒(约占总人口的82%)极为不满。而穆斯林由于人口总体偏少,因此也坚决反对政府对穆斯林强制节育。

另外,印度重男轻女观念严重。在印度教传统中,男孩不仅肩负传宗接代的重任,而且在父母归天的火葬仪式上,如果没有儿子亲自点燃火葬柴堆,父母的灵魂将无法升入天堂。不仅如此,印度传统实行嫁妆制,女孩出嫁要给男方价格不菲的彩礼,拥有男孩也就意味着多了一条生财之道。印度有句俗话,"一家若有仨姑娘,全部家产折腾光",而咒骂男人的话则是"但愿你生个女儿"。在这种社会氛围下,家家户户都想生男孩,家中没有男孩子的,总要生下一个男孩为止才能罢休。

现今一名印度妇女平均育有3.9个子女,受教育程度高的家庭一般有2至3个孩子,而受教育程度低的贫困家庭一般则有7至8个孩子,有个极端例子就是有一对夫妻在婚后27年内生育了23个孩子。最讽刺的是,意识到人口过多的印度政府,其官员也普遍多生育。有人曾对印度议会的545位议员做过调查,结果只有111人按照国家倡导的标准生育了两个孩子,其余的都分别生养了4到10个子女。

2009年,时任印度农业部部长沙拉·德帕瓦尔表示,印度人口到2025年可能增至13亿,印度粮食产量到2025年需要增长近40%,才能满足国内居民的需求。

鉴于印度计划生育的无序,联合国人口基金会将其称为"缺乏人口控制的典型"。

三、父母与子女

【精讲精析】

父母子女关系又称亲子关系,父母与子女之间具有广泛、深刻的权利义务关系。

1.父母对子女有抚养和教育的义务。抚养,是指父母为子女的生活、学习等提供物质条件。这种义务对未成年子女是无条件的,对成年子女则是有条件的，即当其不能独立生活时，父母仍应承担抚养义务。如果子女已年满18周岁，能够独立生活，父母就不再承担相应的抚养义务了。抚养义务是父母最重要的义务，即使父母已经离婚，抚养义务也不会随之消失。我国《婚姻法》第21条第2款规定，父母不履行抚养义务时，未成年的或不能独立生活的子女，有要求父母给付抚养费的权利。只要要求合法，法院就会根据子女的需要和父母的抚养能力要求父母给付抚养费。如果父母拒不给付，恶意遗弃未成年子女已经构成犯罪的，还应该依据我国《刑法》的规定追究其刑事责任。教育，是父母从思想文化、科学知识上给予子女一定的指导和帮助。

2.子女对父母有赡养扶助的义务。赡养父母，为父母提供物质上、经济上的帮助是子女不可推卸的义务。子女不履行赡养义务时，无劳动能力的或生活困难的父母，有要求子女给付赡养费的权利。"扶助"强调子女还应该在精神上、感情上给予父母关心和体贴。

3.父母有保护和教育未成年子女的权利与义务。我国《婚姻法》第23条规定，父母有保护和教育未成年子女的权利和义务。在未成年子女对国家、集体或他人造成损害时，父母有承担民事责任的义务。

4.父母子女互有继承遗产的权利，互为第一顺序继承人。

5.非婚生子女与父母的关系、拟制血亲的父母子女关系同样受法律保护。

【典型案例(一)】

怀疑子非亲生，没有证据败诉

王某与李某(女)于2000年12月结婚。婚后王某长期在外地工作，回家较少。王某怀疑妻子搞婚外恋，双方经常为此发生争执。2003年9月，李某生子王乙(化名)。王某怀疑王乙不是自己的亲生儿子，于2004年1月起诉与妻子离婚。原告王某诉称，王乙不是自己亲生，要求进行亲子鉴定。被告李某辩称，孩子是双方婚生的，不同意离婚，也不同意鉴定。

法院经审理，判决原、被告离婚，孩子由被告抚养，原告负担抚养费。原告不服判决，提起上诉。

二审法院判决驳回上诉，维持原判。

【以案说法(一)】

原、被告经调解均同意离婚,应予准许。原、被告同意儿子王乙随被告生活,亦应准许。关于子女抚养费,原告称被告所生子不是自己亲生,被告否认,原告提出鉴定,被告以影响子女身心健康为由不同意鉴定,且原告无其他证据相印证,故原告应承担相应的子女抚养费。因为当时《婚姻法解释(三)》尚未颁布,法院这样处理还是合适的。

【典型案例(二)】

拒做亲子鉴定者败诉

2008年3月,王女士生下二女儿彤彤,其丈夫严先生发现彤彤长得一点都不像自己,于是独自带彤彤去医院做亲子鉴定。结果显示,彤彤和严先生不存在亲子关系。

此后,严先生两次起诉,要求法院确认其与彤彤无亲子关系,并判决与王女士离婚。第一次因王女士正处于哺乳期而撤诉。第二次因严先生提供的亲子鉴定结论系单方行为,且被告不同意重新鉴定,法院无法强制其配合,故判决不准离婚。今年4月,严先生第三次起诉,再次提出做DNA鉴定的要求。某县法院对被告进行充分法律释明并告知不配合鉴定的后果后,被告仍不配合,故推定彤彤与原告无血缘关系。法院以被告不同意配合做亲子鉴定为由,推定亲子关系不存在,判决准予原、被告离婚,被告支付原告精神抚慰金8000元。

【以案说法(二)】

法院对被告进行充分的法律释明,说明不配合鉴定所要承担的法律后果后,被告仍不配合做亲子鉴定,根据《婚姻法解释(三)》的规定,被告理应承担对其不利的法律后果,法院依法确认原告与未成年婚生子无亲子关系的离婚判决。原告因被告的行为精神上遭受痛苦,理应获得精神抚慰。

【法条链接】

婚姻法解释(三)

第二条　夫妻一方向人民法院起诉请求确认亲子关系不存在,并已提供必要证据予以证明,另一方没有相反证据又拒绝做亲子鉴定的,人民法院可以推定请求确认亲子关系不存在一方的主张成立。

当事人一方起诉请求确认亲子关系,并提供必要证据予以证明,另一方没有相反证据又拒绝做亲子鉴定的,人民法院可以推定请求确认亲子关系一方的主张成立。

【扩展阅读】

新《婚姻法》促亲子鉴定增四成①

《婚姻法解释(三)》施行半年来,西城法院已受理涉及亲子鉴定案件23件,比去年同期增长43.7%。新法规定,申请鉴定方在对方拒绝亲子鉴定的情形下,可提供"必要证据",以获得法院推定其主张成立。但西城法院建议,应制定"必要证据"的具体标准,同时西城法院调研显示,新法自去年8月实施以来,申请亲子鉴定、接受亲子鉴定的当事人均明显增多。法官介绍,新法明确,如果申请鉴定方除亲子鉴定外能提供"必要证据",对方无相反证据仍拒绝鉴定的,可推定申请鉴定方的主张成立。由于拒绝鉴定方将承担更大的败诉风险,为避免不利后果,当事人往往改变态度转为接受鉴定。

不过,随着新法加重亲子鉴定及"推定"规则在认定亲子关系中的作用,亲子鉴定的局限性也凸显出来。例如,被告下落不明缺席审理的案件,容易陷入鉴定无法进行、"推定"又恐对被告不公的困境。

针对上述现象,西城法院建议应确定亲子关系"推定"标准。新法虽明确申请鉴定方的证明责任为提供"必要证据",但具体标准模糊,因此,应对"必要证据"能达到的程度进行界定。对缺席审理的案件,为保障原有的亲缘关系稳定,应要求申请鉴定方提供血型不合等直接证据,才能使用"推定"规则。另

①详见《新〈婚姻法〉促亲子鉴定增四成》,载《北京日报》,2012年3月6日。

外,鉴于亲子鉴定是确认亲子关系的直接证据,更能令当事人服判息诉,法院应在使用“推定”规则前,向拒绝鉴定方释明其可能承担的不利后果并询问是否仍拒绝鉴定,再做出判决。

四、其他关系

【精讲精析】

婚姻法中的家庭关系,除了夫与妻、父母与子女以外,还有祖父母与孙子女、外祖父母与外孙子女、兄弟姐妹等相互关系,在法律规定的特殊情况下互相有抚养、赡养、扶养的义务。

【典型案例(一)】

兄弟姐妹之间有相互扶养的义务

董甲、董乙、董丙系姐弟关系,他们的父母早年去世。大姐董甲为了扶养两个弟弟一直没有成家。1989年,大学毕业后留校工作的董丙结婚,婚后生有一子,他便让董甲为其照看孩子、料理家务。2005年11月,65岁的董甲因患乳腺癌而住院治疗,花去医药费近3万元。董甲认为,生活在农村的董乙因其妻疾病缠身,经济非常紧张,而小弟董丙收入高,自己对他尽的义务也最多,所以应该由董丙承担这笔医疗费。为此,董甲多次与董丙协商,未达成一致。无奈之下,董甲于2006年6月将董丙告上法庭,要求董丙支付医疗费8500元,并每月给付生活费200元。

法院经审理做出判决,支持了原告的诉讼请求。

【以案说法(一)】

兄弟姐妹是最近的旁系血亲,包括同胞兄弟姐妹、同父异母和同母异父兄弟姐妹、有扶养关系的继兄弟姐妹和养兄弟姐妹。一般情况下,兄弟姐妹均由父母抚养,相互之间不发生权利义务关系。但是,在特定条件下,兄弟姐妹之间会产生附条件的扶养义务。我国《婚姻法》第29条明确规定:“有负担能力的兄、姐,对于父母已经死亡或父母无力抚养的未成年的弟、妹,有扶养的义务。由兄、姐扶养长大的有负担能力的弟、妹,对于缺乏劳动能力又缺乏生活来源的兄、姐,有扶养的义务。"这是法律关于兄弟姐妹之间相互扶养的规定。弟、妹扶养兄、姐需满足三个条件:弟、妹是由兄、姐扶养长大成年的;弟、妹有负担能力;兄、姐丧失劳动能力又缺乏生活来源。本案中,董甲把两个弟弟扶养成人,自己患病在身,缺乏劳动能力,也无生活来源,其弟董乙承担扶养义务的能力有限,而董丙收入较高,有负担能力,且董甲对董丙尽的扶养义务最多。据此,法院判决董丙支付医疗费8500元,并每月给付董甲生活费200元,无疑是正确的。

【典型案例(二)】

孙子女对祖父有赡养义务吗?

姚某今年已经89岁了,前几年,他一直随儿子、儿媳一起生活。今年春,姚某儿子因病去世,儿媳也年过60岁,体弱多病,自己的生活都很困难,无力赡养姚某。为此,姚某要求已成家且家庭生活较好的孙子小宁来赡养,可小宁却说他只有赡养父母的责任,没有赡养祖父母的义务。为此,姚某诉至法院,要求小宁每月负担赡养费700元。

法院经审理,判决小宁每月支付姚某生活费500元。

【以案说法(二)】

法院的判决是正确的。孙子女在一定条件下有赡养祖父母的义务。我国《婚姻法》第28条规定,有负担能力的祖父母、外祖父母,对于父母已经死亡或父母无力抚养的未成年的孙子女、外孙子女,有抚养的义务。有负担能力的孙子女、外孙子女,对于子女已经死亡或子女无能力赡养的祖父母、外祖父母,有赡养的义务。

根据以上法律规定,孙子女、外孙子女赡养祖父母及外祖父母的前提条件是必须有负担的能力,而且祖父母或外祖父母的子女已经死亡或者子女无力赡养。本案中,姚某的儿子已经死亡,他的儿媳又没有赡养能力,而孙子小宁的家庭经济状况较好,有赡养能力,那么,小宁应当依法承担赡养姚某的义务。

【法条链接】

中华人民共和国婚姻法

第二十八条 有负担能力的祖父母、外祖父母,对于父母已经死亡或父母无力抚养的未成年的孙子女、外孙子女,有抚养的义务。有负担能力的孙子女、外孙子女,对于子女已经死亡或子女无力赡养的祖父母、外祖父母,有赡养的义务。

第二十九条 有负担能力的兄、姐,对于父母已经死亡或父母无力抚养的未成年的弟、妹,有扶养的义务。由兄、姐扶养长大的有负担能力的弟、妹,对于缺乏劳动能力又缺乏生活来源的兄、姐,有扶养的义务。

第三十条 子女应当尊重父母的婚姻权利,不得干涉父母再婚以及婚后的生活。子女对父母的赡养义务,不因父母的婚姻关系变化而终止。

【扩展阅读】

老年人不差钱,差的是关爱①

近日,广东省老年公共事务研究中心公布《广东省城镇老人精神生活状况调查报告》,调查显示,近半数的老年人缺乏"精神赡养",超六成老人每天独处时间在3小时以上。

★ 老年人缺的不是赡养费

最新数据显示,广东已进入人口老龄化快速发展阶段,老年人口以每年3.5%的速度递增,绝对数已逼近千万大关,其中高龄老人超过200万。

调查显示,从总体来看,广东城镇老人的收入以退休金为主,退休金在1000~3000元之间的老人接近七成,平均月收入明显大于月支出金额。数据显示,城镇老人获得子女给的赡养费人数较少,仅占10.14%,平均金额为634元。

报告称,现在对多数广东城镇老人来说,物质上的"养"已不是问题,但精神上的赡养,确是老人们普遍的需要。

---

①详见《老年人不差钱,差的是关爱》,载《黑龙江新闻网·老年日报》,2009年11月2日。

★ 超六成老人孤独寂寞

“我出钱，帮我找个人来聊聊天吧，整天一个人在家真的是很无聊……”提起社区里93岁的黄老汉到居委会的诉求，荔湾区华林街彩园社区的陈主任总会感到一阵心酸。黄老汉退休在家30多年了，家里主要由一位不太懂粤语的保姆照料其起居，所以平时总想找陈主任聊天，但陈主任工作忙，常抽不出空作陪。

黄老汉的遭遇并不是个案。调查显示，在城镇中有超过六成的老人表示每天的独处时间在3小时以上，其中10.61%的老人独处时间超过9个小时。同时，超过一半（54.64%）的老人感到自己的情绪“一般”，经常或有时感到孤独寂寞者占45.81%。调查中近半数老人表示从未参加过社区活动，更有老人根本就不知社区有什么老人服务。

★ 三成老人说请不起保姆

调查显示，从老人居住情况来看，除了106位老人与子女孙辈一起同住外，258位老年夫妻两人同住，占总样本的52.16%，独居老人32人。

子女孙辈工作学习繁忙，在经济条件许可的情况下，请保姆成为一种必要的选择。除了一半老人表示不需要保姆外，近两成表示需要保姆，可是超过三成（32.53%）的老人表示“请不起”保姆，一成多（11.54%）感到“很难请”。

第四单元　想说离你不容易

——离婚的条件

一、离婚的方式

【精讲精析】

根据我国《婚姻法》的规定,离婚的方式有两种:协议离婚和起诉离婚。

协议离婚是解除夫妻关系的一种形式,指夫妻双方自愿离异,并就其他问题(主要是财产、债务问题和孩子抚养问题)达成合意,经过有关部门的认可即可解除夫妻关系的离婚方式。在婚姻法学理论中,又将协议离婚的法律程序称为登记离婚,指必须由婚姻登记机关依法对双方的离婚申请进行审查、登记。我国《婚姻法》将协议离婚表述为双方自愿离婚。《婚姻法》第31条规定,男女双方自愿离婚的,准予离婚。双方必须到婚姻登记机关申请离婚。婚姻登记机关查明双方确是自愿离婚并对子女和财产问题已有适当处理时,发给离婚证。需要说明的是,现实中某些离婚夫妻存在这样的误解,即认为双方只要签署了离婚协议书,婚姻关系即自动解除。这种观点是不对的。双方的离婚协议只有到婚姻登记机关经审查、登记后才发生法律效力,这道行政程序是必不可少的。目前,我国的协议离婚由《婚姻登记条例》来规范,男女双方协议离婚的,应当到婚姻登记机关办理。

起诉离婚又称为裁判离婚,指对夫妻一方或双方提出的离婚请求,由法院以裁判的方式决定是否准许的离婚方式。实践中,主要表现为夫妻一方要求离婚而另一方不同意,或双方同意离婚但财产分割及子女抚养问题达不成一致意见,一方先行向人民法院提起诉讼,由人民法院进行审理。

【典型案例】

“休书”不算数，离婚得起诉

原告周某（男）与被告吉某（女）自由恋爱后结婚，生育了一个女儿。随着时间的推移，双方性格的差异逐渐显露，经常为琐事争吵，夫妻关系日趋恶化。2008年2月，周某向吉某提出分手，写下了一纸“休书”，要吉某永不回家。吉某无奈之下回到了娘家，之后就再未回到夫家。

写下“休书”的周某自以为“休妻”后婚姻关系已经解除，决定为女儿再找一位新妈妈，便四处找人帮自己介绍对象，直到2012年4月知情人告诉他再婚会导致重婚，周某才知道“休书”并无法律效力，于是赶忙向法院起诉离婚。

某县法院经审理认为，周某与吉某的感情确已破裂，而且双方分居已达3年之久，夫妻关系名存实亡，遂做出了准予离婚的判决。

【以案说法】

我国古典名著《水浒传》中，林冲受高太尉陷害，被发配沧州。林冲临行前给他的娘子写了一份休书，内容如下：“东京八十万禁军教头林冲，为因身犯重罪，断配沧州，去后存亡不保。有妻张氏年少，情愿立此休书，任从改嫁，永无争执。委是自行情愿，即非相逼。恐后无凭，立此文约为照。”休书是封建社会男女双方解除婚约时，由男方出具的书面证明。今天看来，这是我国古代不合理的社会法律制度，但在当时却是公认的、合法的。我国《婚姻法》不承认休书，离婚只有协议和诉讼两种形式。但时至今日，还有人使用这种方式离婚，足见《婚姻法》的宣传普及是多么重要。

【法条链接】

中华人民共和国婚姻法

第三十一条　男女双方自愿离婚的，准予离婚。双方必须到婚姻登记机关申请离婚。婚姻登记机关查明双方确实是自愿并对子女和财产问题已有适当处理时，发给离婚证。

第三十二条 男女一方要求离婚的,可由有关部门进行调解或直接向人民法院提出离婚诉讼。

【扩展阅读】

中国古代的休书[①]

在我国封建社会,订婚须有婚书或私约。婚书或婚约即许婚之书。私约是指明知男方有老、幼、残、养、庶之情,女家仍情愿缔结婚姻。男女不经父母之命,自行约婚的,封建立法是不承认的。婚约具有法律效力。婚约的存在等于婚姻关系的成立。如果终止或解除婚约关系,必须由男方家出具离婚书或休书,悔婚违约,引起一定的法律后果。

婚约是包办婚制的一个组成部分,强调守约,是礼法的要求,同时也反映了"言必信,行必果"这一传统。

汉代的婚姻制度虽然赋予妇女离婚的自由,但同时也给予丈夫更大的休妻特权。丈夫无须任何法律手续,只要写一纸"休书",责令妻子离开夫家,他们的夫妻关系就算解除了。中国古代用于休妻的"七出"(七个条件)的规定,最早就形成于汉代。"七出"是:一是无子,二是淫,三是不顺父母,四是口多言,五是盗窃,六是妒忌,七是有恶疾。男子"七出"的特权,不仅是自私的,也是极不人道的。特别是其中的"无子"和"有恶疾"两条,丝毫不关妇女的品质问题。

"三不去"是对"七出"的限制,一是有所取无所归,二是与更三年丧,三是前贫贱后富贵。具体来说,一是指结婚时女方父母健在,休妻时已去世,原来的大家庭已不存在,休妻等于是无家可归。二是和丈夫一起为父亲或母亲守孝三年的不能被休。三是结婚时贫穷,后来富贵的也不能休妻。

允许男子单方面离婚。丈夫享有离婚的特权,确切地说,是休妻的特权。这种离婚以丈夫及其父母的意志为转移,不必经过诉讼程序。只要丈夫一方有意思表示,写封休书就行,这种观念在奴隶社会、封建社会的法律中都有反映。从历史发展来看,奴隶社会的形成,就是夫权战胜母权的结果。男子在家庭中居于统治地位。男女结合后,女子的人身和财产权利均属于丈夫所有。因此,在奴隶制社会和封建制社会,离婚是丈夫的特权,妻子则无离婚权。中国古代的"七出"制度就是典型的专权离婚主义的代表。

---

①详见《休书》,http://baike.sogou.com/v171484.htm.

二、离婚的法定条件

【精讲精析】

根据最高人民法院《关于人民法院审理离婚案件如何认定夫妻感情确已破裂的若干具体意见》的相关规定，人民法院审理离婚案件，准予或不准离婚应以夫妻感情是否确已破裂作为区分的界限。判断夫妻感情是否确已破裂，应当从婚姻基础、婚后感情、离婚原因、夫妻关系的现状和有无和好的可能等方面综合分析。根据《婚姻法》的有关规定和审判实践经验，凡属下列情形之一的，视为夫妻感情确已破裂。一方坚决要求离婚，经调解无效，可依法判决准予离婚。

1.一方患有法定禁止结婚的疾病，或一方有生理缺陷及其他原因不能发生性行为，且难以治愈的。

2.婚前缺乏了解，草率结婚，婚后未建立起夫妻感情，难以共同生活的。

3.婚前隐瞒了精神病，婚后久治不愈，或者婚前知道对方患有精神病而与其结婚，或者一方在夫妻共同生活期间患精神病，久治不愈的。

4.一方欺骗对方，或者在结婚登记时弄虚作假，骗取《结婚证》的。

5.双方办理结婚登记后，未同居生活，无和好可能的。

6.包办、买卖婚姻，婚后一方随即提出离婚，或者虽共同生活多年，但确未建立起夫妻感情的。

7.因感情不和分居已满3年(注意，此规定已被《婚姻法》第32条第3款第四项替代，分居时间改为“2年”)，确无和好可能的，或者经人民法院判决不准离婚后又分居满1年，互不履行夫妻义务的。

8. 一方与他人通奸、非法同居，经教育仍无悔改表现，无过错一方起诉离婚，或者过错方起诉离婚，对方不同意离婚，经批评、教育、处分，或在人民法院判决不准离婚后，过错方又起诉离婚，确无和好可能的。

9.一方重婚，对方提出离婚的。

10.一方好逸恶劳，有赌博等恶习，不履行家庭义务，屡教不改，夫妻难以共同生活的。

11.一方被依法判处长期徒刑，或其违法、犯罪行为严重伤害夫妻感情的。

12.一方下落不明满2年，对方起诉离婚，经公告查找确无下落的。

13.受对方的虐待、遗弃,或者受对方亲属虐待,或虐待对方亲属,经教育不改,另一方不谅解的。

14.因其他原因导致夫妻感情确已破裂的。

综合以上情况后,再结合当事人的具体情况,法院先调解,在调解不成的前提下,再判决离婚(法律规定离婚案件,必须先经调解,调解无效后,如当事人对财产的分割、子女的抚养做出妥善处理,无和好可能的,一般准予离婚)。

【典型案例】

夫妻感情破裂的判断

被告董某与原告李某自小相识,青梅竹马。1995年12月双方登记结婚,1996年10月生育一子。婚后夫妻间因生活琐事发生过争吵,被告曾殴打过原告。1999年6月,原告起诉离婚,后考虑到子女和家庭,被告又发誓保证不再打人,原告撤回了起诉。之后共同生活的几年中,原、被告一起做生意,还清了被告欠下的数万元债务。2001年7月17日,由于被告去原告娘家时,未向原告之母打招呼,事后双方发生争吵,被告将原告打成轻微伤。原告起诉要求离婚,被告坚决不同意。

法院受理此案后,经审理认为,原、被告系自由恋爱,感情基础较好。婚后虽因琐事发生矛盾,但不致感情完全破裂。尤其是在1999年原告撤诉后的共同生活中,双方遇事都能克制,努力维护夫妻关系。被告对自己的打人行为已有悔改表示,原告亦应谅解。最后法院判决不准原、被告离婚。

【以案说法】

夫妻感情是否破裂是离婚的唯一标准,而感情破裂的情形在《婚姻法》中也做了相应的规定。《婚姻法》第32条明确规定:“人民法院审理离婚案件,应当进行调解;如感情确已破裂,调解无效,应准予离婚。有下列情形之一,调解无效的,应准予离婚:(一)重婚或有配偶者与他人同居的;(二)实施家庭暴力或虐待、遗弃家庭成员的;(三)有赌博、吸毒等恶习屡教不改的;(四)因感情不和分居满2年的;(五)其他导致夫妻感情破裂的情形。一方被宣告失踪,另一方提出离婚诉讼的,应准予离婚。”

本案争议焦点是:被告的打人行为是否构成家庭暴力,从而导致夫妻感情破裂。原告据此坚持离婚,被告认为以往双方感情较好,只因一次殴打行为还达不到离婚的程度。婚姻家庭中的暴力应在情节和程度上有限制,不能认定夫妻之间偶然的口角和殴打行为就构成家庭暴力而准予离婚。首先,对家庭暴力造成的伤害程度进行限制,如构成轻微伤、轻伤、重伤的哪一种为暴力;其次,在时间连续性上加以规定,偶尔一次造成轻微伤不应认定夫妻感情破裂,准予离婚;第三,实施家庭暴力应区分故意和过失,有的当事人大打没有,小打不断,即使没有造成身体伤害,但情节恶劣的,亦应认定为家庭暴力。

当然,在案件处理过程中不能一概而论,要具体问题具体分析。我国社会封建思想根深蒂固,家庭暴力有其存在的社会基础,伴随着社会文明程度的提高,家庭暴力会逐步消失。本案中原、被告3年前有过一起离婚诉讼,现再次起诉离婚,从表面看夫妻感情已经破裂,和好希望渺茫。庭审中,双方未提出新的影响夫妻感情的因素,尤其在上次离婚纠纷之后,双方互相体谅,同甘共苦,夫妻感情尚好,仅因一次家庭暴力就判决离婚,有违我国《婚姻法》的精神。法庭基于此,耐心做当事人的思想工作,双方在法庭的主持下达成和解协议,重归于好。

【法条链接】

中华人民共和国婚姻法

第三十二条 男女一方要求离婚的,可由有关部门进行调解或直接向人民法院提出离婚诉讼。

人民法院审理离婚案件,应当进行调解;如感情确已破裂,调解无效,应准予离婚。

有下列情形之一,调解无效的,应准予离婚:

(一)重婚或有配偶者与他人同居的;

(二)实施家庭暴力或虐待、遗弃家庭成员的;

(三)有赌博、吸毒等恶习屡教不改的;

(四)因感情不和分居满二年的;

(五)其他导致夫妻感情破裂的情形。

一方被宣告失踪,另一方提出离婚诉讼的,应准予离婚。

【扩展阅读】

假离婚的两种形式①

假离婚是指夫妻一方或者双方本无离婚的真实意思,因双方通谋或受对方欺诈而做出离婚决定的意思表示。一般而言,虚假离婚包括两种情形:一是通谋离婚,二是欺诈离婚。

通谋离婚,是指婚姻当事人双方为了共同的或各自的目的,串通暂时离婚,等目的达到后再复婚的离婚行为。通谋离婚具有以下基本特征:

1.双方当事人并无离婚的真实意思,不符合协议离婚的实质条件。

2.双方当事人以离婚为手段,以达到共同的或者各自的目的。如为了逃避计划生育而多生子女;为了逃避债务;为了两边享受分房或购房的国家优惠政策,等等。

3.双方均有恶意串通离婚的故意,共同采取欺骗或者隐匿事实真相的方法,欺骗婚姻登记机关以违法获取离婚登记。

4.通谋离婚一般具有暂时性,待预期目的达到后,双方通常会按约定复婚。但也有一部分人弄假成真,离婚后置原先的约定于不顾,不愿复婚或者与他人再婚,从而引起纠纷发生。

欺诈离婚,是指一方当事人为了达到离婚的真正目的,采取欺诈手段向对方许诺先离婚后再复婚,以骗取对方同意暂时离婚的行为。欺诈离婚具有以下特征:

1.这种离婚是欺诈方的真实意思,而受欺诈一方并无离婚的真实意思。受欺诈方同意离婚是基于欺诈方采取伪造事实或者隐瞒事实真相所致。如果知道真相,不会做出同意离婚的意思表示。

2.欺诈方的目的在于骗取对方同意离婚,以达到离婚的目的,因而并无复婚的意思,而受欺诈方却期待目的达到即行复婚。

3.受欺诈方既是受害人,又与欺诈方共同欺骗婚姻登记机关。

假离婚既可以发生在登记离婚程序之中,也可以发生在诉讼离婚程序之中。前者为假离婚登记,后者为假离婚调解协议。但现实生活中以通谋离婚为多数。

①详见《假离婚》,http://baike.sogou.com/v7557118.htm.

三、例外规定

【精讲精析】

《婚姻法》对于两种情形下的离婚做了特别的限制，一种是军婚，另一种是禁止男方在妇女怀孕、分娩后1年内以及终止妊娠后6个月内提出离婚，这里重点讲一下军婚问题。《婚姻法》规定，军人配偶一方提出离婚的，须得到军人同意才能离婚，但军人一方有重大过错的除外。这是由军婚的特殊情况决定的。军队担负着保卫祖国、抗击侵略的重任，相当多的军人工作在特殊的环境中，长期不能与家人团聚，做出了巨大的牺牲。因此，对军人的婚姻应当给予特殊的保护，使军人安心在军队服役，没有后顾之忧，这是国防建设和稳定军队的需要。但我们同时也要看到，如果法律对现役军人配偶的离婚限制过严，就有可能会使很多人在择偶时对军人敬而远之，反而不利于军队的稳定。

【典型案例】

现役军人离婚案

江某，男，38岁，解放军某部中尉军官。周某，女，33岁，某学校教师。江某与周某结婚5年，江某一直在外地服役，周某承担了所有家务并照顾江某的母亲及他们不足3岁的孩子。周某多次要求江某尽快转业，但按照部队的规定，当时转业不太可能。街道办事处在开展拥军优属活动中了解到这一情况后，安排本办事处干部卫某作为江家的联系户，帮助周某干一些家务活。周某与卫某经过多次接触，感情逐渐发生了转移，感到卫某处处比江某好。2012年7月，周某向法院提出与江某离婚，江某坚决不同意。

法院经审理，判决不准周某与江某离婚。

【以案说法】

我国《婚姻法》第33条规定："现役军人的配偶要求离婚，须得军人同意，但军人一方有重大过错的除外。"军人为保卫祖国的主权和领土完整，保卫社会主义建设,战斗在祖国的各个岗位上,军人家属应支持和鼓励亲人安心工作,为国防建设贡献力量。《婚姻法》的这一规定是对军人利益的保护,它有利于增强军人的战斗力和加强军民团结。现役军人的配偶提出离婚,而军人不同意离婚时,人民法院在审理中,应教育原告珍惜与军人的夫妻关系,尽量调解和好或判决不准离婚。对军人一方有重大过错,夫妻感情确已完全破裂的,经调解无效,夫妻关系确实不能继续维持的,也应通过军人所在部队团以上政治机关,做好军人的思想工作,准予离婚。

【法条链接】

中华人民共和国婚姻法

第三十三条 现役军人的配偶要求离婚,须得军人同意,但军人一方有重大过错的除外。

第三十四条 女方在怀孕期间、分娩后一年内或中止妊娠后六个月内,男方不得提出离婚。女方提出离婚的,或人民法院认为确有必要受理男方离婚请求的,不在此限。

【扩展阅读】

现行军婚制度的缺陷[①]

我国现行军婚制度是由军人的配偶以牺牲其离婚自由权和性自由权的形式来承担的,笔者认为这样并不合理。

第一,军人配偶的离婚权利(以及由其引申出来的性自主权)属于人身权利的范畴,而根据基本法理,人身权利是不能和别的权利交换的,正如法律不能接受一个人用其人身自由权来交换金钱一样。同时,根据世界性学会于1999年发表的性权利宣言的精神,对军人配偶的婚外性行为对象实行的刑法制裁,属于侵犯"性自由权"与"性自治权"的行为,也是对基本人权的一种限制,而离婚自由更是被广泛地接受为基本人权的一种。通过对某部分人的基本人权的限制来补偿另外部分人,是不符合基本法理要求的。

---

①详见《军婚保护制度的法理分析》, http://www.fsou.com/html/text/art/3355647/335564724.html.

第二，军人配偶不能确定也不能决定军人什么时候退伍，因此就无法确定自己所承受的额外义务的时限。无法确定额外义务的时限，就导致了法律最重要的功能之一——预期性的失效，从而无法有效使军人配偶对自己的法律行为（与军人结婚）所产生的法律效果进行正确的评估。

第三，也是最重要的一点，军人配偶并不应该是承担额外义务的主体。国防和国家安全，根据经济学的角度属于公共物品，也就是说该物品的效用扩展于他人的成本为零，因而无法排除他人共享。具体来说，国防保卫的是所有的国民，无论他们是否愿意接受或者是否为了这种保卫支付了费用。也就是说，一个国家的所有国民都因为国防的存在而享受了额外的权利。对于军人配偶来说，当然也享有了其作为国民所享有的国防安全权利，但她或者他并没有比其他一般国民享受更多的国防安全。在这种情况下，再赋予军人配偶额外的义务就是不合适的，尤其是限制不可转让性的人身权利。笔者认为，这是现行军婚保护制度的权利义务补偿错位。

那么，额外的义务应该由谁承担呢？根据法理，谁获得额外的利益，谁就应该承担额外的义务。从上面的分析可以看到，正是这个社会的所有国民享受了国防安全的权利，因此根据权利义务相等原则，应该由全体国民承担这额外的义务。军人配偶虽然也是全体国民中的一员，但军人的配偶还承担了额外的代价，比如军人配偶要长期忍受家庭的两地分居、对军人安全的担惊受怕等痛苦。笔者以为，军人配偶与军人结婚组成家庭生活本身，就已经为国防安全承担了额外的义务。军人配偶不仅不应承担额外的义务，反而应获得普通国民的补偿。因此，笔者认为应由全体国民中的非军属给予军人以及其家庭额外的权利补偿。只有这样，才是真正地符合“谁获益，谁补偿”的基本法理，也符合公平正义的法律价值要求。

除了权利义务补偿机制的错位以外，现行军婚保护机制还在下列几个方面与基本法理相悖。

第一，现行军婚保护制度过分忽视婚姻的感情基础。

关于婚姻的本质有着众多的说法，认为婚姻的本质是契约者有之，认为婚姻的本质是夫妻间的共同生活者有之，认为婚姻的本质是爱情者也大有人在。笔者无意探讨婚姻的本质是什么，但有一点可以形成共识的是，婚姻关系是以感情为基础的，感情发生变化会导致婚姻的幸福程度发生变化。

根据一项调查，结婚的夫妻中以感情为首选原因的占总数的56.92%，同时50%的男性和53.89%的女性认为维持婚姻最重要的因素是感情。一般离婚采用的“感情破裂原则”正体现了立法者也认同这样一个婚姻理念,即没有感情的婚姻是不幸福的,对婚姻中的双方都是一种伤害。然而,在军婚问题上的处理显然违背了这一法律原则。没有感情的婚姻正如“强扭的瓜”,笔者不禁要问:在军人配偶坚决要求离婚的情况下,即使依法判决不许离婚,这样的婚姻究竟能给军人带来多少幸福?抛弃了感情的婚姻,会不会单纯地成为军人依法(或不受道德指责地)进行性行为的工具而已?如果考虑到我国刑法并没有确立婚内强奸的惩罚措施,那么军人的配偶(绝大多数为女性)对发生在自己身上的性行为又有多少自主权呢?笔者以为,这甚至可以够得上是对基本人权的侵犯。

第二,现行军婚保护制度违背了法律的平等原则。

在军婚内部建立了一种不平等的法律关系,这违背了人人平等的基本法律原则,也违背了基于此原则而引申出来的《婚姻法》中规定夫妻平等和家庭关系平等之原则。

笔者认为,整个现行的军婚保护机制都是建立在这种不平等的关系上的。具体来说,至少包括下述方面的不平等:一是离婚权利的不平等。如上文所述,军人配偶的离婚权利实质上受到了诸多限制,而军人的离婚权利则没有受到这样的限制。笔者认为,离婚自由权实质上是多个国际人权文件中所宣称的一种基本人权——在不幸福的时候追求幸福的权利。为了保障军人不离婚之权利而要求牺牲军人配偶离婚之权利,从而在基本人权的层面上限制军人配偶之权利,是不适当的。二是婚外性行为导致的结果不平等。上文曾经提到,军人配偶发生婚外性行为会导致严重的后果。比如,与军人配偶同居者(不以夫妻名义)会因破坏军婚的罪名而受到刑法的额外惩罚,甚至仅仅是“通奸”(而不是同居)也可能受到同样的处罚。军人若想离婚,也不会有实质性的限制;反观军人发生婚外性行为时,只要不以夫妻名义同居,则性行为双方都无须负刑事责任。如果军人一方仅仅是有“通奸”行为,则是否可以构成军婚离婚之“重大过错”条件也未能确定,这样的军婚是否可以“离”还要存疑。

第五单元　父母分手我咋办

——离婚后的子女抚养

一、谁有优先抚养权

【精讲精析】

离婚案件中，除了财产以外，涉及较多的就是孩子抚养问题。离婚后，哺乳期内的子女，以随哺乳的母亲抚养为原则。哺乳期后的子女，如双方因抚养问题发生争执不能达成协议时，由人民法院根据子女及双方的具体情况判决。对于如何界定"双方的具体情况"，则要考虑个案的情况而综合考量，但总的原则是，在处理子女抚养问题时，应当优先考虑子女的利益，从有利于子女的教育和健康成长的角度进行判决。需要特别注意的是，收入高低仅是作为考虑子女抚养问题的其中一个因素，并不是决定性因素，况且对于孩子的抚养费而言，是以父母双方共同收入作为参照来衡量的。比如，原告直接抚养孩子，被告也会当然地承担与其收入成一定比例的抚养义务。从心理学角度看，对于未成年人来说，特别是婴幼儿，健康成长所需的最重要的条件，不是优越的物质条件，而是一个良好的成长环境。婴幼儿初到人世，生活无法自理，需要完全依赖抚养者，对抚养者形成依赖，是其在心理上产生安全感的必要条件。孩子跟随一方时间较长，自然会产生很深的感情，如果突然变更抚养人，则对孩子的成长极为不利，所以应当从保护未成年人心理健康这个大的原则出发来判定，把孩子同父母一方的感情基础作为首要考虑因素，避免让未成年人遭受二次伤害。

【典型案例】

双亲条件差不多,为何孩子归父亲

小涛和小晶于2004年经人介绍相识,并于2005年登记结婚,婚后第二年生了一个男孩。因两人工作都比较繁忙,且小涛的父母退休在家,所以孩子从出生后就一直跟男方父母生活。

因结婚前两人缺乏必要和深入的了解,婚后两人性格上的矛盾便逐渐显现出来,经常因为家庭琐事发生争执,最后演化成为拳脚相加。2010年,两人便协商办理离婚事宜,财产方面双方均无争议,但孩子的抚养权问题却始终产生争执,双方都希望单独对孩子进行抚养。多次协商未果后,小涛便诉至法院,请求判决解除婚姻关系,分割婚内共同财产并取得孩子的抚养权。

法院审理认为,双方的直接抚养条件基本相同,但考虑到孩子出生后一直随祖父母共同生活,且祖父母也当庭表示愿意照顾孙子,故判决双方离婚,婚生子由父亲小涛抚养。

【以案说法】

本案涉及的是离婚后的子女抚养安排问题。实践中,主要遵循以下几个原则:

一是对于哺乳期内(2周岁为法定期限)的子女以母亲抚养为原则,但以下情况除外:(1)母亲患有久治不愈的疾病或其他严重疾病,子女不宜与其共同生活的;(2)母亲有抚养能力却不尽抚养义务的;(3)因其他原因,子女确实无法随母亲共同生活的;(4)父母双方协商一致,子女可随父方生活,但必须以不影响子女健康成长为前提。

二是对于2周岁以上未成年子女,父方和母方均要求随其生活的,应优先考虑以下情形:(1)已做绝育手术或因其他原因丧失生育能力的;(2)子女随其生活时间较长,改变生活环境对子女健康成长明显不利的;(3)无其他子女,而另一方有其他子女的;(4)子女随其生活,对子女成长有利,而另一方患有久治不愈的传染性疾病,或者有其他不利于子女身心健康的情形,不宜与子女共同生活的;(5)如果双方直接抚养子女的条件基本相同,双方均要求子女与其共同生活,但子女单独跟随祖父母或外祖父母共同生活多年,且祖父母或外祖父母要求并且有能力帮助子女照顾孙子女或外孙子女的,可作为子女随父或随母生活的优先条件。

三是父母双方对10周岁以上未成年子女的直接抚养权发生争执的,应征询子女的意见。但应考虑孩子毕竟是限制行为能力人,认识和判断能力有限,如有确切证据证明孩子的选择明显不利于其健康成长的,法院可以从保障孩子的合法权益的角度出发,做出有利于孩子健康成长的裁判。

四是在有利于子女抚养的前提下,父母双方可以协议轮流抚养子女。但由于轮流抚养子女存在着不断改变孩子生活环境的情况,可能带来不利因素,因此,实践中较少采用。

【法条链接】

中华人民共和国婚姻法

第三十六条　父母与子女间的关系,不因父母离婚而消除。离婚后,子女无论由父或母直接抚养,仍是父母双方的子女。

离婚后,父母对于子女仍有抚养和教育的权利和义务。

离婚后,哺乳期内的子女,以随哺乳的母亲抚养为原则。哺乳期后的子女,如双方因抚养问题发生争执不能达成协议时,由人民法院根据子女的权益和双方的具体情况判决。

【扩展阅读】

中国独生子女现状堪忧[①]

独生子女就是没有兄弟姐妹的孩子。独生子女与非独生子女具有同样的身心发展规律。但在儿童社会化过程中,兄弟姐妹关系具有重要的作用。独生子女除了与父母之间的亲子关系外,没有兄弟姐妹这层关系,因此其社会化带有自身的特点。

普遍的观点认为,由于父母过于溺爱子女和经济水平的提高,这些独生子

①详见《独生子女》,http://www.renwen.com/wiki/独生子女

女往往娇生惯养,并且形成了以自我为中心的价值观念;但日本心理学者田村正晨认为,现代的父母因为很清楚没有兄弟姐妹的环境将对孩子造成什么影响,多半会在教育上加强补足;而年轻一代独生子女幼儿时就进入学校过团体生活,不一定会因娇宠而缺乏社会性,甚至参加义工活动的人也以独生子女为多。独生子女缺乏社会性是一般人先入为主的刻板印象,这种印象和二次大战结束前后出生的独生子女稀少、战后婴儿潮那一代通常有五六个手足有关。

独生子女由于从小受到父母的关注较多,成长环境丰富,多半聪明且有很强的感受性,了解社会上对独生子女容易有负面印象,因而害怕“自我主张”遭到同侪的厌恶,有时甚至会衍生出自我厌恶感。此外,由于缺少兄弟姐妹的对立竞争,独生子女较容易对他人产生信赖感,对朋友也较为体贴(由于没有像兄弟姐妹这样的玩伴,朋友相对来说比较重要),也容易取得他人的信任。

独生子女的父母往往会把期望集中在子女身上,令他们承受沉重心理压力,因而成就动机较高;正面来说,不执着于眼前的得失而肯定地朝大方向迈进,较容易自我实现;但就负面角度而言,独生子女面对挫折的抗压性较低,受到打击容易变得忧郁消沉。

独生子女习惯独处,较喜欢进行思考性的活动;成年以后,多半拥有独特的价值观,倾向选择较能发挥自己兴趣的工作,特别是能单独完成并发挥自己独特性的创造性工作。在团体生活中,独生子女由于对竞争、对立的体验较少,较容易站在中立的角度,在工作场所中处于派系和权力斗争的缓冲地带;一般认为独生子女对工作要求完美不易妥协、孤僻难以接近,多半是因为他们没有兄弟姐妹竞争,从小不需强烈主张自己的意见以博得父母关注,而导致沟通能力略为不足,但其实了解独生子女真正的想法之后,这种状况就能改善。

在亚洲,由于社会福利制度不健全或不普遍,加上有“养儿防老”和重视孝道的传统观念,独生子女长大后需要一人供养父母,如果拥有子女,则一人要同时供养父母和子女,有时更包括配偶和配偶的父母,造成沉重的经济压力。但随着时代改变,人们的心态也逐渐改变,经济许可的父母会为老年预做规划,独生子女所受到的压力也在减轻。

虽然中国社会上有一派人认为,大量长期的独生子女对社会民族的发展是不利的,整个民族会处在长期的老龄化和劳动力短缺的压力下,但中国因国家政策限制而产生独生子女,本就和其他国家因社会变迁自然产生独生子女不同。因社会变迁自然产生的独生子女,并不一定只会对社会产生负面影响。

性格跟生活状态因人而异,要片面捕捉独生子女的性格是不可能的。目前,先进国家正由讲究团体生活的“有兄弟姐妹的社会”转型为自由化、价值观多元、尊重个人差异的“独生子女形态的社会”，除去有色眼镜，了解并尊重独生子女是有必要的；而独生子女也可因此消去对人群过度防卫的态度，了解自己，将过往认为对独生子女不利的一面转为有利的一面，融入社会生活。

一、独生子女与非独生子女的差异

近年来，国内学者对“独生子女”的人格特征、心理特征和个性行为进行了广泛的研究，得到了基本一致的结论：“独生子女”与“非独生子女”之间虽有一些明显差异，但不是本质性的，而且“独生子女”还具有积极的特异性，比如聪慧性、乐群性等。

1.“独生子女”与“非独生子女”在非智力因素上的差异。一项运用卡特尔16PF[①]测试方法，对西安电子科技大学、西北工业大学和西安交通大学1060名94级、95级本科生的调查研究发现，“独生子女”的世故性、敏感性和实验性低于“非独生子女”，恃强性、兴奋性、敢为性略高于“非独生子女”（许克毅、宋宝萍，1996）。另一项也运用卡特尔16PF测试方法，对哈尔滨工程大学计算机系96级全体106名大学生进行调查，结果发现“独生子女”情绪稳定性、社会责任感、世故性和独立性都较“非独生子女”差，而忧虑性略高，恃强性和敢为性呈两极分化倾向。

2.“独生子女”与“非独生子女”在职业价值观上的差异。有人认为，“独生子女”与“非独生子女”的职业价值观大部分一致，差异表现在：“独生子女”更注重职业工作在生活中的休闲活动；工作的自主意识更强烈，责任意识较弱；并更强调工作对社会做贡献的内涵；在职业动机上，更看中工作场所的人际关系而非待遇；对理想职业，更重视具有较好的经济效益和能展示个性，而非社会政治地位高；在择业标准中，“独生子”较“非独生子”更强调通过工作获取必要的收入、荣誉、地位，“独生子女”更在乎对工作有无兴趣。同样的研究，李志在另一篇文章中指出，“独生子女”职业观具有五个特点：重视职业生活的意义；重视通过职业为社会做贡献；择业动机的内在性与外在性相统一；择业标准的主体性——符合自己特长；职业理想的现实性——高社会地位、高收入。

二、独生子女的弱点与家长的教育

独生子女存在的弱点已经使家长们担心，这种弱点一方面来自“独生”本身，另一方面来自于“独生”导致家长出现的教养态度偏差和教育方式不当。这两方面的原因使一些孩子出现了问题。

---

①16种人格因素问卷，是美国伊利诺州立大学人格及能力测验研究所卡特尔教授编制的用于人格检测的一种问卷。

"独生"的孩子在家庭里没有年龄相近的伙伴,于是没有与兄弟姐妹共同生活、交往的经历,家长对孩子的关爱也更多。当孩子得到超量的爱、超量的呵护时,家长的教育理智被严重淡化了。家长的教育出现了以下失误:

1.要什么给什么,这是独生子女自私任性的根本原因。当他的要求都得到满足,他会认为生活没有约束,变得不考虑别人。

2.过分地受人关注,这是孩子以自我为中心的来源。当孩子受到家人过多的关怀时,他以为自己永远是中心,他们会表现出缺乏爱心的一面。

3.缺乏纪律性,内心无善恶的界线。这主要是因为家长教育不得法,对越轨行为采取了过于温和的态度,使孩子对行为没有正确认识。

4.父母被孩子控制。由于只有一个孩子,父母往往更放纵孩子的行为,使孩子有了一套对付父母的办法,以此控制父母并达到自己的目的。

这些家长教育造成的原因,使独生子女出现了一些问题:

1.孩子只知接受爱,不知给予爱。

2.孩子唯我独尊而且任性。

3.孩子缺乏责任心和义务感。

4.孩子消费超前,道德滞后。

5.孩子依赖性大,各种能力差。

6.孩子有孤独感,社会交往能力差。

这些问题表现在孩子身上,但主要原因却是家长造成的,因此家长应从自身找原因,防患于未然。首先要创造条件,让孩子多与小伙伴交往,让他在集体中成长。其次,建议家长把过量的爱护降温,对待孩子更理智一些,不让孩子感觉他在家里是众人关注的中心。

三、独生子女政策

《北京市人口与计划生育条例(2003年)》第21条规定,一对夫妻生育(包括依法收养)一个子女后不再生育,其子女在18周岁以内的,由夫妻双方申请,经所在单位核实(没有单位的和农村居民,经户籍所在地居民委员会或者村民委员会核实),由女方户籍所在地乡镇人民政府或者街道办事处发给《独生子女父母光荣证》,凭证享受以下奖励和优待:

1.每月发给10元独生子女父母奖励费,奖励费自领取《独生子女父母光荣证》之月起发至其独生子女满18周岁止。

2.女职工除享受本条例第20条规定的休假外,经所在单位批准,可以再增加产假3个月,但减免3年独生子女父母奖励费。

3.独生子女的托幼管理费和18周岁之前的医药费，由夫妻双方所在单位依照有关规定报销。

4.独生子女父母，女方年满55周岁，男方年满60周岁的，每人享受不少于1000元的一次性奖励。

5.农村在推行养老保险制度时，应当为独生子女父母优先办理养老保险。农村安排宅基地，对独生子女父母应当给予优先和照顾。

6.乡镇人民政府和农村集体经济组织应当扶持独生子女家庭发展生产。

第一胎生育双胞或者多胞的夫妻，不领取《独生子女父母光荣证》，凭女方户籍所在地乡镇人民政府或者街道办事处出具的证明，享受前款第四项规定以外的奖励和优待，但只享受一份独生子女奖励待遇。

四、独生子女政策带来的问题

独生子女政策导致老龄社会过早到来、“四二一家庭”结构、性别比例严重失调等问题，许多经济学家、社会学家和人口专家都反复警告过了。根据经济学家的测算，现行的人口政策如果继续推行下去，那么在2012年至2022年这10年内，中国18岁至50岁的青壮年劳动力将减少一个亿！这意味着到那时中国的社会活力将大大减弱，中国生产力发展的强劲势头也随之明显减退，而且必将引起社会生态的颓势和精神生态的疲软。“独生子女”政策是基于当时人们普遍的想法：耕地只有这么多，而人口不断增长，人口的过快增长是需要控制的。随着经济的发展，教育和文化水平的提高，人口增长的速度会自行慢下来。事实上，我国目前已开始出现这样的趋势：越来越多的不愿结婚的青年男女，越来越多的所谓“丁克家庭”，都是这一趋势的重要征象。可见，对于中国人口的增长完全用不着那么恐慌。

二、抚养费数额的确定

【精讲精析】

离婚时涉及子女抚养费数额的，应当主要考虑以下因素确定：不直接抚养子女一方的经济负担能力、子女的实际需要和当地的平均生活水平。

根据司法解释的有关规定，离婚后，不和子女一起生活的一方有固定收入的，抚养费数目一般可按其月总收入的20%～30%来确定。负担两个以上子女抚育的，比例可适当提高，但一般不得超过月收入的50%；无固定收入的，抚养费的数目可依当年的收入或同行业的年平均收入,参照上述规定确定。当然有特殊情况的,如子女长期患有重大疾病或残疾的,可适当增加。而且,子女抚养费不是一次确定后就一成不变的,必要时子女有权得到超过协议或判决原定数额的抚养费。

【典型案例】

孩子不是摇钱树

罗某是从事食品批发的老板。1998年5月,他在歌厅认识了在那里工作的李某,一来二去,两人渐生情愫,后来李某干脆辞去歌厅工作,罗某为其在外面租了房子,两人开始了长达5年的同居生活。罗某有妻有子,但李某对于他的家事从来不问。过了两年,李某总是想为罗某生个孩子,前两次怀孕李某都按罗某的要求做了人流,到第三次说什么也不肯。无奈之下,罗某拿出10万元钱让她把孩子打掉,平息此事。这时的罗某也不像当初那样经常和李某在一起。谁知2003年6月的一天,李某抱着2003年4月21日出生的男孩来到他的面前。

罗某犹如五雷轰顶,经过多次协商,双方在两位证人参与的情况下于2003年8月20日签署协议书一份,罗某又一次给了李某10万元,她答应自己抚养孩子。

罗某以为这回终于摆脱了李某,然而没过几个月,李某又开始三天两头地打电话找他,罗某对其不予理睬并换了电话号。这一招倒是让罗某暂时摆脱了李某。

2006年8月,李某以孩子罗小某的名义一纸诉状将罗某告上法庭,要求罗某每月支付抚养费3000元至孩子18周岁止,并承担3年来孩子花费的6万元。

法院经审理认为,原告(罗小某)之母李某与被告罗某在2003年8月已经达成一致意见,确定双方所生之子罗小某由李某抚养,罗已经给付李某10万元,此后原告随李某生活尚好。原告要求被告给付抚养费的请求,理由不充足,不予支持。最后,判令驳回原告罗小某的诉讼请求。

【以案说法】

随着市场经济的飞速发展，人们的思想观念也随之发生很大的变化。未婚同居或者有配偶者与他人同居者大有人在，由此而引发的离婚案件、财产纷争、子女的抚养等案件为数不少。我国现行法律仅是禁止有配偶者与他人同居，因此引起离婚的，无过错方可以要求过错方赔偿精神损失费，法院也仅受理因解除同居关系后引发的财产和子女抚养纠纷的案件。然而，同居关系的解除，只是因此而产生的抚养费纠纷案件的开始。因为作为不直接抚养非婚生子女的生父或生母，应当负担子女的抚养费，直至子女能独立生活为止。而关于子女抚养费的协议或判决，并不妨碍子女在必要时向父母任何一方提出超过协议或判决原定数额的合理要求。随着子女年龄的增长，平均生活费及消费水平的提高，教育、医疗等各项费用必然随之增加，所以，子女提出增加抚养费数额也是很正常的事情。当然，也不排除少数人借着子女向对方索取更多的钱财。这些情况都使当事人陷入无休止的诉讼当中，别人受伤害的同时，自己也在受到伤害。

【法条链接】

中华人民共和国婚姻法

第三十七条　离婚后，一方抚养的子女，另一方应负担必要的生活费和教育费的一部或全部，负担费用的多少和期限的长短，由双方协议；协议不成时，由人民法院判决。

关于子女生活费和教育费的协议或判决，不妨碍子女在必要时向父母任何一方提出超过协议或判决原定数额的合理要求。

最高人民法院《关于人民法院审理离婚案件处理子女抚养问题的若干具体意见》

人民法院审理离婚案件，对子女抚养问题，应当依照《中华人民共和国婚姻法》第二十九条、第三十条及有关法律规定，从有利于子女身心健康，保障子女的合法权益出发，结合父母双方的抚养能力和抚养条件等具体情况妥善解决。根据上述原则，结合审判实践，提出如下具体意见：

1.两周岁以下的子女,一般随母方生活。母方有下列情形之一的,可随父方生活:

(1)患有久治不愈的传染性疾病或其他严重疾病,子女不宜与其共同生活的;

(2)有抚养条件不尽抚养义务,而父方要求子女随其生活的;

(3)因其他原因,子女确无法随母方生活的。

2.父母双方协议两周岁以下子女随父方生活,并对子女健康成长无不利影响的,可予准许。

【扩展阅读】

失责父母将被剥夺监护权①

前不久,中央综治办、共青团中央、中国法学会共同在北京举行了"未成年人健康成长法治保障研讨会",未成年人监护干预制度备受关注。

"近年来,闲散、流动未成年人和单亲、服刑人员家庭未成年子女及留守未成年人犯罪比例较高。"全国人大内务司法委员会副主任委员陈秀榕说:"之所以如此,一个重要原因是单亲、离异、服刑和农村进城务工人员子女,以及父母忙于生计无暇管教的孩子,长期缺乏关爱,极易形成不良行为习惯。"

最高人民法院副院长黄尔梅在会上直言:"监护人严重侵害未成年人权益的热点事件,如南京饿死女童案、广州亲生母亲虐待女儿致死案等,暴露出未成年人监护监督存在严重缺失。"

为解决不监护、监护不当等问题,由中国法学会起草的《中华人民共和国未成年人保护法(修改建议稿)》(以下简称《修改建议稿》)不仅进一步规定了父母监护的法定责任,还规定了父母或者其他监护人应当学习正确的教育和监护方法,以健康的思想、良好的品行和适当的方法教育和影响未成年人。

"如果父母或其他监护人及时发现和制止,很多未成年人违法犯罪活动是可以避免的。"中国法学会相关负责人表示,父母或者其他监护人应当预防和制止未成年人发生吸烟、酗酒、旷课、弃学、夜不归宿等。

会上,对于父母因外出务工等不能履行监护职责的情形也应受到关注。

---

①详见《未成年人保护法起草,失责父母将被剥夺监护权》,载《人民日报》,2014年2月12日。

为此,《修改建议稿》进一步完善了委托监护的规定,明确父母应及时将委托监护情况告知所在学校和当地居(村)民委员会的程序,由后者负责联系受委托监护人。同时,父母有义务与受委托监护人保持经常联系。留守未成年人集中地区,政府应设立托管机构统一提供帮助。

如果父母及其他监护人不依法履行监护职责,甚至侵害未成年人合法权益,怎么办?

现行《未成年人保护法》规定,父母或监护人不依法履行监护职责或侵害未成年人合法权益,予以劝诫、制止;构成违反治安管理行为的,依法给予行政处罚。

但是,与会代表认为,应进一步加强法律责任的追究。全国律师协会副秘书长马国华表示:"对未履行或未恰当履行监护责任的监护人,应依法撤销其监护资格。"

同时,出于未成年人合法权益自我保护的考虑,《修改建议稿》规定,未成年人遭受此类侵害时,可以向所在学校、当地居委会、村委会、公安机关、未成年人保护委员会等请求保护,"接到保护请求的单位应当及时采取保护、救助措施,不得拒绝、推诿"。

"民政部门在未成年人监护方面有兜底责任。"民政部副部长窦玉沛指出,应将监护干预对象从流浪未成年人扩大到整个困境未成年人,为处于监护缺失或监护失当困境的未成年人及其家庭提供支持性监护指导、补充性监护干预、替代性照料抚育等社会保护服务。

此外,黄尔梅在会上还透露,为加强困境未成年人的权益保障,民政部已与最高人民法院、公安部进行了调研和论证,拟于今年出台指导性意见,建立未成年人监护行政监督干预与司法裁判衔接工作机制。

三、探望权浅说

【精讲精析】

探望权,又称探视权、见面交往权,是指离婚后不直接抚养子女的父亲或母亲享有的对未成年子女探望、联系、会面、交往、短期共同生活的权利。探望权从法理上看,是基于亲权的一种派生权利,只要身份关系存在,探望权就应该是非直接抚养一方的权利。通常情况下,只有在法庭审理案件后认为进行探视会严重危害子女的身体、精神、道德或感情的健康时,才会拒绝授予无生活监护的父母一方探视权。如享有探视权的一方有下列情况之一的,可由法院裁决暂时中止其探望权:曾犯特别严重罪行,社会影响极大,手段特别恶劣,无明显悔罪表现,有可能使未成年子女的身心健康受到损害的;对未成年子女有虐待、劫持、胁迫等暴力倾向的;患有严重传染病未治愈或精神病的;有赌博、酗酒、吸毒、卖淫、嫖娼等恶习屡教不改的;对于年满10周岁以上的子女,明确表示不愿接受探视的;人民法院认为有其他不利于子女身心健康事由的。

《婚姻法》第38条规定,离婚之后,不直接抚养子女的父或母,有探望子女的权利,另一方有协助的义务。行使权利的方式、时间由当事人协议,协议不成时,由人民法院判决。父或母探望子女,不利于子女身心健康的,由人民法院依法中止探望的权利;中止的事由消失后,应当恢复探望的权利。实践中,探望权制度的正式确立,始于2001年4月28日《中华人民共和国婚姻法》。规定探望权的意义在于:保证非抚养一方能够定期与子女团聚;有利于弥合因家庭解体给父母子女间造成的感情伤害;有利于未成年子女的身心健康和成长进步。

【典型案例(一)】

探望权的强制执行

2003年12月,翟某与楚某登记结婚。2004年11月,翟某生下一子,双方感情一直较好。2006年5月,楚某与一女同事有了不正当的男女关系,后被翟某发现。2007年9月,翟某以夫妻感情不和为由向法院起诉离婚,并要求抚养儿子。

法院经过开庭,调解不成后判决双方离婚,儿子由翟某抚养,楚某每月负担400元抚养费至儿子独立生活为止。同时,法院判决离婚以后楚某每周可探望儿子一次。

开始翟某配合楚某每周的探望,但在得知楚某与他人在2008年7月再婚后,翟某心理失衡,故意将儿子东躲西藏,不让楚某父子见面。楚某思子心切,在几次碰壁后,申请法院强制执行。

法院受理此案后,通过做思想工作,翟某最终同意按判决执行。

【以案说法(一)】

我国《婚姻法》第38条规定:“离婚后不直接抚养子女的父或母,有探望子女的权利,另一方有协助的义务。行使探望权利的方式、时间由当事人协议;协议不成时由人民法院判决。父或母探望子女,不利于子女身心健康的,由人民法院依法中止探望的权利;中止的事由消失后,应当恢复探望的权利。”

应当说,上述规定体现了司法人文关怀,能够最大限度地抚慰子女由于父母离婚而造成的伤害,对父母离婚子女能够像其他孩子一样身心健康成长、人格正常发展起着非常积极的作用。然而,由于探望权是基于父母子女关系而享有的一种身份权,因此,当一方当事人不让另一方探视孩子时,法院不可能像处理其他案件那样,用强制执行的手段将孩子从一方那里“抢过来”交给另一方探视。

这一点,《婚姻法》司法解释中也有明确规定,强制执行只能是对拒不履行协助另一方行使探视权的有关个人和单位采取拘留、罚款等强制措施,而不能对子女的人身、探视行为进行强制执行。可以说,法律在这方面的规定已经非常人性化了,“亲情障碍”才是造成探视权难以充分行使的根源。

现实生活中,许多当事人出于自身利益考虑,在另一方依照法律规定行使探视权时都或多或少地存在排斥、抵触甚至故意阻挠的情绪和行为,这导致司法实践中,许多当事人在探望孩子时为防止对方不配合,专门到法院邀请办案法官陪同前去探望。这样做,显然可以最大限度地实现当事人探望孩子的目的,但是法院不可能也没有能力对每个当事人在每次探望时都派人陪同前往。

【典型案例(二)】

隔代探望权应否得到法律保护?

2009年10月,钟某以丈夫年某有赌博恶习为由到法院起诉与年某离婚。经法院调解,双方自愿离婚并达成如下协议:婚生女儿兰兰由钟某抚养,年某一次性支付兰兰抚养费5万元,且每年享有两次对兰兰的探望权。2010年1月,年某外出务工,兰兰的爷爷老年向法院反映钟某一年来从不让其探望孙女,要求法院帮助他实现对兰兰的探望权。

法院判决驳回了老年的诉讼请求。

【以案说法(二)】

《婚姻法》第38条明确规定了探望权的主体范围,而探望权是一种法定权利,是以法律形式对亲情交流和维系的保障,任何人都不得非法干预,但也不宜对该权利进行扩大解释。探望权只能由未直接抚养子女的父亲或母亲行使,祖父母、外祖父母是没有探望权的。但基于中华民族的传统美德和公序良俗,爷爷要求探望孙子的请求是可以理解的,但这是道德调整的范围,不在本书讨论之列。

【法条链接】

婚姻法解释(一)

第二十四条 人民法院做出的生效的离婚判决中未涉及探望权,当事人就探望权问题单独提起诉讼的,人民法院应予受理。

第二十五条 当事人在履行生效判决、裁定或者调解书的过程中,请求中止行使探望权的,人民法院在征询双方当事人意见后,认为需要中止行使探望权的,依法做出裁定。中止探望的情形消失后,人民法院应当根据当事人的申请通知其恢复探望权的行使。

第二十六条 未成年子女、直接抚养子女的父或母及其他对未成年子女负担抚养、教育义务的法定监护人,有权向人民法院提出中止探望权的请求。

【扩展阅读】

隔代探望权应受法律保护①

★ 当前探望权规定存在的问题

我国《婚姻法》第38条规定,离婚后,不直接抚养子女的父或母,有探望子女的权利,另一方有协助的义务。行使探权利的方式、时间由当事人协议,协

①详见《隔代探望权应受法律保护》,http://china.findlaw.cn/info/hy/zinvfuyang/tanshiquan/tanwangquan/1071220.html.

议不成时，由人民法院判决。父或母探望子女，不利于子女身心健康的，由人民法院依法中止探望的权利；中止的事由消失后，应当恢复探望的权利。相关法律条文规定了享有探望权的主体是离婚后未直接抚养子女的父亲、母亲，而没有直接规定爷爷奶奶或者外公外婆等直系亲属的探望权。由于规定的探望权主体过于单一，致使人民法院审理此类纠纷时按部就班，机械地照搬《婚姻法》第38条的规定，做出驳回隔代直系长辈主张对孩子享有探望权的诉讼请求。这样做，既不利于未成年人身心健康，也不利于社会和谐稳定，更不符合我国的国情。

★ 确认隔代探望权的必要性

探望权设置的目的是满足亲情需要和保护未成年子女的最大利益。我国《婚姻法》规定探望权的权利主体是离婚后不直接抚养子女的父或母，并没有包括隔代直系亲属。隔代直系亲属虽不是法定的探望权的主体，但老人与其孙子女之间是基于一定身份和血缘关系形成的直系亲属，具有亲属关系上的权利和义务，不因孩子的父母离婚而消除。这种权利和义务不能仅局限在父母与子女之间，其他和子女关系密切的直系亲属也应存在。让他们保持相互往来，相互沟通和交流，能够增加亲情，更有利于孩子的身心健康成长。确认直系祖辈享有探望权，是探望权主体的扩大，不仅仅是一种权利，更是一种作为祖父母对孙子女的责任，这并不违背设立探望权的立法目的和精神。

我国是一个家庭传统观念很强且重视亲情的国家。现实生活中，很多的未成年子女都是和祖辈生活在一起，也因此形成了中国特有的“隔代亲”现象。父母的离异，会给未成年人带来很多的不利影响，甚至对父母产生逆反心理，没落的心情往往渴望得到祖辈的关爱和呵护。确认隔代探望权是离婚家庭中祖孙辈的共同需要，不仅可以弥补孩子因父母离异而形成的创伤，而且祖父母一辈也可从与孙子女们的交往中得到心理慰藉，有利于社会的和谐稳定。相反，如果因为父母离婚而断绝祖父母与孙子女们之间的来往，无疑对双方都是极大的心理伤害，有悖于中国传统伦理道德和习俗，更与建设社会主义和谐社会的要求不相符。

★ 隔代探望权的可行性

当然，确认隔代直系亲属享有探望权在实际执行过程中可能会带来其他各种问题，如探望权主体的扩大，可能影响未成年子女的正常生活和学习；隔代探望可能存在不当探望，侵犯他人的合法权益；行使隔代直系亲属探望权的法律程序不明确，等等。对此，笔者认为，我国《婚姻法》第38条已对探望权的行使做出了必要的限制，对于行使探望权不利于子女身心健康的，由人民法院依法中止探望的权利；中止的事由消失后，应当恢复探望的权利。隔代探望权的行使可以参照该规定执行，探望不利于子女身心健康成长或侵犯他人合法权益的，仍应以《婚姻法》第38条中关于中止探望的有关规定来加以解决。对于行使隔代探望权的法律程序，最高人民法院在《婚姻法解释（一）》第24条提供了法律救济的途径："当事人就探望权问题单独提起诉讼的，人民法院应予受理。"未与孩子共同生活的爷爷奶奶或外公外婆探望孩子受阻后，可依法起诉至人民法院，请求支持行使隔代探望权。

第六单元　你的　还是我的

——离婚后的财产分割和债务分担

一、共同财产如何分割

【精讲精析】

离婚分割夫妻共同财产，应首先确定夫妻共同财产的范围，分清家庭共同财产、夫妻共同财产及个人财产的界限。

家庭共同财产是家庭成员在家庭共同生活期间共同创造、共同所得的共有财产。家庭共同财产属于家庭成员共有。

夫妻共同财产是指夫妻双方在婚姻关系存续期间所得的财产。依照相关司法解释的规定，具体有以下几种：(1)一方或双方劳动所得的劳动报酬，如工资、奖金、津贴、福利等；(2)用劳动报酬添置的财产；(3)从事生产、经营所得的收益；(4)知识产权的收益；(5)因继承得到的财产，但遗嘱确定指明归一方所有的除外；(6)因赠予得到的财产，但赠予合同指明归一方所有的除外；(7)其他应当归夫妻共有的财产，如夫妻一方偶然中奖所得的奖金等。

《婚姻法》修订之前，夫妻个人婚前财产在一定条件下可以转化为夫妻共同财产，如原规定一方婚前所有的房屋和其他价值较大的生产资料，夫妻双方共同使用、经营、管理经过8年的，可视为夫妻共同财产。《婚姻法》修订后，这一规定已不再适用。

夫妻的个人财产是指归夫妻一方个人所有的财产。具体分为六类：(1)夫妻一方的婚前财产，如女方的嫁妆；(2)夫妻一方因身体受到伤害获得的医疗费、残疾生活补助费、精神损失赔偿金等；(3)遗嘱或赠予合同中确定只归夫或妻一方的财产；(4)夫妻一方的专用生活用品；(5)夫妻约定归一方个人所有的财产；(6)其他应当归夫妻一方所有的财产。

在无法确定为个人财产或夫妻共同财产时，应推定为夫妻共同财产。

我国的夫妻财产制度实行的是共同共有制，它原则上不考虑各方对财产贡献的大小或收入的有无及高低，离婚时一般均等分割夫妻共同财产。《婚姻法》第39条规定："离婚时，夫妻的共同财产由双方协议处理；协议不成时，由人民法院根据财产的具体情况，照顾子女和女方的权益的原则判决。"协议分割，只要双方自愿即可，坚持自愿原则，没有固定的比例。按均等原则分割夫妻共同财产，这也是男女平等原则的体现。除此之外，在夫妻共同财产分割中还应体现：(1)照顾妇女、未成年子女的原则；(2)有利于生产和生活的原则；(3)不得损害国家、集体和他人利益的原则；(4)尊重当事人意愿，财产约定优先于法定的原则。

【典型案例(一)】

离婚时属于夫妻共同财产的公司股权如何分割？

王某与张某于1999年结婚。2003年，王某用两人婚后的积蓄以其个人名义与朋友孙某等5人合资注册了蓝天服装有限责任公司。公司成立后，公司经营状况很好，利润可观。2006年8月，张某以感情不和为由向王某提出离婚，并要求对以王某名义持有的蓝天服装有限责任公司30%股权的夫妻共同财产进行分割，即要求将该30%股权的一半分割到自己名下，使自己也成为公司股东。王某表示不同意，认为公司是以自己的名义与朋友创立的，张某从未参与过公司的经营，且现在两人感情不和要离婚，如果张某成为公司股东参与经营，容易在公司内部产生分歧，对公司发展不利。公司股东孙某等也不同意张某加入公司。

法院经审理认为，王某用婚后积蓄以其个人名义与朋友创立蓝天服装有限责任公司，由此形成在王某名下的公司30%的股权属夫妻共同财产，在离婚时应依法分割。但据股权转让的特殊性，分割时应遵循我国《公司法》关于股权转让的规定。对作为夫妻共同财产的股权分割时，最高人民法院《婚姻法解释(二)》做了较为详细的规定。根据该规定，法院最后认定张某不符合成为蓝天服装有限责任公司股东的法定条件，而判决王某给予张某与相应股权相当的经济补偿。

【以案说法(一)】

分割夫妻共同财产中的股权,应当在充分考虑法人财产权、经营权和其他股东的合法权益的情况下,根据法律规定,从企业的长远发展出发,采取灵活多样的方式,实事求是、科学合理地处理共同财产的分割问题。《公司法》第72条第2款规定:“股东向股东以外的人转让股权,应当经其他股东过半数同意。股东应就其股权转让事项书面通知其他股东征求同意,其他股东自接到书面通知之日起满30日未答复的,视为同意转让。其他股东半数以上不同意转让的,不同意的股东应当购买该转让的股权;不购买的,视为同意转让。”最高人民法院《婚姻法解释(二)》第16条第1款规定:“人民法院审理离婚案件,涉及分割夫妻共同财产中以一方名义在有限责任公司的出资额,另一方不是该公司股东的,按下列情形分别处理:(一)夫妻双方协商一致将出资额部分或者全部转让给该股东的配偶,过半数股东同意、其他股东明确表示放弃优先购买权的,该股东的配偶可以成为该公司股东;(二)夫妻双方就出资额转让份额和转让价格等事项协商一致后,过半数股东不同意转让,但愿意以同等价格购买该出资额的,人民法院可以对转让出资所得财产进行分割。过半数股东不同意转让的,也不愿意以同等价格购买该出资额的,视为其同意转让,该股东的配偶可以成为该公司股东。”该解释既考虑了《公司法》的有关规定,又兼顾了《婚姻法》的基本原则,在保护夫妻共同财产权的同时,又使公司的法人财产权和其他股东的合法权益得到了维护。在对股权的处理上,采取了灵活多样的方式,平衡了各方面的利益,有利于涉及公司股权的离婚财产纠纷得到公平、合理的解决。

具体到本案,首先可以明确在王某名下的公司股权属于夫妻共同财产,张某有权依《婚姻法》的规定要求分割;但从保护公司的法人财产权和其他股东的合法权益出发,该股权的分割又应符合《公司法》和最高人民法院《婚姻法解释(二)》中关于分割作为夫妻共同财产的股权的特别规定。本案因孙某等其他股东均不同意张某加入公司,张某即不具备成为公司股东的条件,只能由王某给予张某与相应股权相当的经济补偿。

【典型案例(二)】

夫妻离婚难，只为宠物犬

2002年9月，张先生和王女士经人介绍相识，婚后不久，夫妻二人在禹州市药材市场共同经营一中药材商行，几年下来颇有几分积蓄。因为婚后无子，加之空闲时间较多，2005年春，夫妻俩从亲友处领养了一只京巴宠物犬，取名贝贝。由于贝贝娇小可爱，善解人意，深得张、王二人喜爱。尤其是2006年冬天，夫妻俩卧室的煤球火炉发生煤气泄漏，贝贝急促的叫声将轻微中毒的二人惊醒，才避免了一起煤气中毒事故发生，二人为此更把贝贝视为“救命恩人”和“掌上明珠”。

2007年，因为药行经营中的分歧，张、王二人发生矛盾进而分居生活，最终导致夫妻感情破裂。之后，张先生起诉到法院，要求判决其与王女士离婚并依法分割财产。案件审理过程中，经法官主持调解，张、王二人就离婚和共同财产分割很快达成一致意见，但就是对宠物犬贝贝的饲养权问题双方各不相让。张先生称，长期以来都是自己照料贝贝的生活，已同贝贝产生了深厚感情，且贝贝曾经救过自己的命，因此感情上难以舍弃。另外，张先生称，经调解现在居住的房子已经归其所有，贝贝一直在此居住，而王女士离婚后居无定所，因此贝贝应该由其饲养。

王女士则辩称，贝贝不仅救过自己的命，且她本人有病终生不能生育，因此一直把贝贝当作自己的“儿女”看待。贝贝虽然一直主要由张先生照顾，但王女士自己也尽了不少心。分居期间，她正是由于经常回家带贝贝出去玩耍，才使自己受伤的心灵得到安慰。因此，王女士坚决要求由本人饲养贝贝。

案件调解过程中，法官利用张、王二人对宠物犬贝贝怀有深厚感情这一共同点，从既照顾到贝贝的生活习惯，又兼顾双方感情需求出发，耐心细致地做了双方的调解工作，最终，河南省禹州市人民法院调解这起离婚案件，原、被告达成离婚和财产分割协议的同时，约定家中的宠物犬贝贝由一方直接饲养、另一方支付部分饲养费的前提下，每周内可以有两天带贝贝外出玩耍的“探视权”。

【以案说法(二)】

就本案而言,根据《物权法》的相关规定,宠物作为法律意义上的物已没有异议,但宠物这一特定的物的分配,尤其是本案涉及的宠物犬在离婚案件中如何确定饲养人等问题,我国现有法律还没有涉及。道理很简单,宠物类财产除了价格属性外,通常都具有一定的精神属性,一个“宠”字就表明了其包含的感情成分和主人所付出的心血。毫不夸张地说,宠物往往是部分群体的感情寄托。因此,称宠物类财产是“有人格象征意义”的特定物品,大多数人也已经予以认可。

本案所涉宠物犬贝贝曾经救过当事人性命,当事人对其都有特殊感情,如果在离婚财产分割中仅仅按照宠物价格予以分配,显然难以满足非饲养人的精神需求。因此,本案在调解过程中,法官在既照顾到双方当事人的感情基础,又在不违反法律规定的情况下,通过调解方法确认宠物犬的饲养人,同时让非饲养人享有“探视权”,从而使矛盾得以妥善解决。

【法条链接】

中华人民共和国婚姻法

第十七条　夫妻在婚姻关系存续期间所得的下列财产,归夫妻共同所有:

(一)工资、奖金;

(二)生产、经营的收益;

(三)知识产权的收益;

(四)继承或赠予所得的财产,但本法第十八条第三项规定的除外;

(五)其他应当归共同所有的财产。

夫妻对共同所有的财产,有平等的处理权。

第十八条　有下列情形之一的,为夫妻一方的财产:

(一)一方的婚前财产;

(二)一方因身体受到伤害获得的医疗费、残疾人生活补助费等费用;

(三)遗嘱或赠予合同中确定只归夫或妻一方的财产;

(四)一方专用的生活用品;

(五)其他应当归一方的财产。

第十九条 夫妻可以约定婚姻关系存续期间所得的财产以及婚前财产归各自所有、共同所有或部分各自所有、部分共同所有。约定应当采用书面形式。没有约定或约定不明确的,适用本法第十七条、第十八条的规定。

夫妻对婚姻关系存续期间所得的财产以及婚前财产的约定,对双方具有约束力。

夫妻对婚姻关系存续期间所得的财产约定归各自所有的,夫或妻一方对外所负的债务,第三人知道该约定的,以夫或妻一方所有的财产清偿。

【扩展阅读】

法律透视情人财产纠纷[①]

近年来,夫妻一方在"婚外恋"的同时,将财物赠予"第三者"的事情屡见不鲜,引发的纠纷和诉讼也时有所见。但是,由于法律规定不明确,法官考量差异,导致案件处理大相径庭。因此,对这类案件做一定分析,很有必要。

为表述上的方便,笔者将此类案件统称为夫妻一方赠予"第三者"财产的纠纷。

根据我国法律,夫妻一方婚后所得的财产,除了法律另有规定或当事人另有约定的,都属于夫妻共有财产。但是,在"法律另有规定或当事人另有约定"的情况下,丈夫或妻子仍有可能拥有个人财产。

因此,对此类案件的处理,应该按照所涉财产的性质,即按照所涉财产究竟是夫妻共同财产还是个人财产而定,不能统统将夫妻一方赠予"第三者"财产视为"擅自处分"。

如果夫妻一方处分的是夫妻共有财产,该处分行为无效,接受财产的"第三者"应该返还财产。

根据我国《物权法》及《合同法》的规定,处分共有财产须全体共同共有人同意;如果共有人擅自处分共有财产,应认定为无权处分;除非共有人追认,否则该处分行为无效。在赠予"第三者"财产案件中,一般不会发生配偶追认这种情况。同时,因为是无偿转让财产,受让的"第三者"也不可能依据善意取得

①详见《法律透视情人财产纠纷》,http://news.sina.com.cn/c/2009-02-04/115417147445.shtml.

制度来取得相关财产。

夫妻共有在性质上属于共同共有，而不是简单的“你一半，我一半”。因此，夫妻双方对共有财产不分份额地平等享有权利，认为“夫妻一方的处分行为部分有效”或“处分自己的份额有效”等观点也是不成立的。

但是，也不能说，所有对夫妻共有财产的处分都要经过夫妻双方同意，比如连妻子买一瓶酱油也要出具“买酱油已经丈夫同意”的证明。因为《婚姻法》规定，夫妻因日常生活需要而处理夫妻共同财产的，任何一方均有权决定；他人有理由认为双方都同意的，夫妻一方不得以不同意或不知道为由对抗善意第三人。

但是，夫妻一方赠予“第三者”财产，不属于“因日常生活需要而处理共同财产”；“第三者”也没有理由认为该赠予是夫妻双方都同意的。所以，无论“第三者”是否知道赠予的财产是夫妻共有财产，夫妻一方的处分行为都是无效的。

夫妻一方将夫妻共有财产赠予“第三者”的行为无效，夫妻另一方可以要求“第三者”返还财产。这里的受赠人不限于“第三者”，即使受赠人与赠予人不存在“情人”关系，如果赠予人的配偶提出主张，受赠人也应返还财产。

如果夫妻一方处分的是赠予方个人财产，其配偶就不能主张处分行为无效。需要探讨的是，赠予人能否以“赠予行为违法”或“有违公序良俗”为由主张赠予行为无效并主张返还赠予财产？

由于法律规定赠予人在交付赠予财产之前可以撤销赠予合同（具有救灾、扶贫等社会公益、道德义务性质的赠予合同以及经过公证的赠予合同除外），因此，在赠予财产交付之前，受赠人不能要求对方交付；一旦交付，赠予人也不能反悔，除非存在某些法律规定的特定情形。

有一种观点认为，夫妻一方将自己的财产赠予“第三者”，不同于一般的赠予，因为这是为了与受赠人建立或保持不正当的婚外两性关系。这种关系不仅仅有违公序良俗，构成同居或重婚的还违法。当事人以建立或维系这种关系为赠予的条件，这种赠予行为自然无效，也应该返还财产。

二、夫妻共同债务的分担

【精讲精析】

夫妻共同债务，是指夫妻双方因婚姻共同生活及在婚姻关系存续期间履行法定扶养义务所负的债务。一般包括夫妻在婚姻关系存续期间为解决共同生活所需的衣、食、住、行、医等活动以及履行法定义务和共同生产、经营过程中所负的债务。共同债务必须具备两个特征:一是为了共同生活或婚姻关系存续期间;二是为履行法定义务所负债。

夫妻共同债务的范围:(1)夫妻为家庭共同生活所负的债务。如购置共同生活用品所负的债务;购买、装修共同居住的住房所负的债务;为支付一方医疗费用所负的债务;夫妻一方或双方为履行法定扶养义务所负的债务;履行法定赡养义务所负的债务;为支付夫妻一方或双方的教育、培训费用所负的债务。(2)夫妻从事正当的文化、教育、娱乐活动,从事体育活动等所负的债务,为支付正当必要的社会交往费用所负的债务。(3)夫妻从事共同生产、经营活动所负的债务。这里的共同生产、经营,既包括夫妻双方一起从事投资、生产经营活动,也包括夫妻一方从事生产、经营活动但利益归家庭共享的情形。(4)夫妻协议约定为共同债务的债务。夫妻协议确定共同负担的债务,即使该债务带来的利益非婚姻共享,也应纳入夫妻共同债务。

下列债务不能认定为夫妻共同债务,应由一方以个人财产清偿:(1)夫妻双方约定由个人负担的债务,但以逃避债务为目的的除外;(2)一方未经对方同意,擅自资助与其没有抚养义务的亲朋所负的债务;(3)一方未经对方同意,独自筹资从事经营活动,其收入确未用于共同生活所负的债务;(4)其他应由个人承担的债务。

夫妻财产是共同共有关系,夫妻双方共同地、平等地享有共有财产的各种利益,共同地、平等地负担由共有财产产生的各种义务。对外民事法律关系中,夫妻双方对共同债务承担连带责任。《婚姻法》第41条规定:“离婚时,原为夫妻共同生活所负的债务,应当共同偿还。共同财产不足清偿的,或财产归各自所有的,由双方协议清偿;协议不成的,由人民法院判决。”可见,夫妻共同债务的清偿方式有:共同偿还方式、协议偿还方式、判决偿还方式。

【典型案例(一)】

夫妻共同债务离婚后如何分担?

郭女士与丈夫吴先生因感情不和在法院诉讼离婚,但没过几天,他俩都收到一纸诉状。原来,吴先生的朋友卢某因吴先生借款15万未还,将夫妇俩一起告到了法院。卢某称，2011年5月，吴先生向自己借款10万元，两年后又借了5万元。直至2012年10月，吴某才向卢某就之前的借款补充出具借条一张，但至今未归还借款。卢某说，借款发生于吴先生夫妻关系存续期间，属于夫妻共同债务。于是，他将吴先生及郭女士告上法庭，请求判令共同偿还15万元。吴先生表示，借款是用于家庭共同生活开支，应由夫妻共同偿还。对此，郭女士大呼冤枉。她说，吴先生从2006年8月起就在外居住，这15万元借款自己毫不知情，也未用于共同生活开支。

法院认为，虽然本案争议的借款形成于吴先生、郭女士夫妻关系存续期间，但借条上只有吴先生一人的签名，吴先生不能证明妻子知道借款，也不能证明该笔借款用于双方共同生活的开支。因此，法院判决这15万元的借款由吴先生个人偿还。

【以案说法(一)】

夫妻共同债务是指为满足夫妻共同生活需要所负的债务。夫妻共同债务主要是基于夫妻家庭共同生活的需要，以及对共有财产的管理、使用、收益和处分而产生的债务。《婚姻法》第41条规定，离婚时，原为夫妻共同生活所负的债务，应当共同偿还。但是，凡为个人需要而支付的费用或负担债务，应由本人以个人财产清偿。在审判实践中，一般将一方因个人不合理的开支，如赌博、吸毒、酗酒所负债务，或夫妻分居期间所负的债务认定为个人债务。在本案中，吴先生与郭女士已经分居多年，虽然借款时间在婚姻关系存续期间，但借条上只有吴先生的签名，无法证明郭女士知道，也证明不了用于家庭共同生活开支，债权人和吴先生都无法证明，所以在没有证据的情况下，该债务应当认定为吴先生的个人债务，由吴先生自己偿还。

【典型案例(二)】

夫妻离了婚，借款还得连带还

星某与云某于2005年10月经法院判决离婚，并对夫妻共同财产进行了分割。其中，星某向银行的贷款1万元，法院判决星某负责偿还1000元，云某负责偿还9000元。判决生效后，星某即偿还银行贷款1000元。但没想到今年银行又将其告上法庭。星某委屈万分,理直气壮地拿出判决书,辩称属于自己的债务已履行完毕,剩余的9000元该由云某偿还。

法院审理后,判决星某偿付银行剩余借款9000元及利息。星某不服,提起上诉。二审法院判决驳回上诉,维持原判。

【以案说法(二)】

在当事人协议离婚或人民法院判决离婚的案件中,夫或妻不得以财产已分割为由对抗其共同债权人,夫妻离婚后仍应对婚姻关系存续期间所欠的债务承担连带责任。所以,银行起诉星某向其主张债权应予支持,星某可在偿还银行借款后依据离婚判决书向云某追偿。

【法条链接】

中华人民共和国婚姻法

第四十一条 离婚时,原为夫妻共同生活所负的债务,应当共同偿还。共同财产不足清偿的,或财产归各自所有的,由双方协议清偿;协议不成时,由人民法院判决。

婚姻法解释(二)

第二十三条 债权人就一方婚前所负个人债务向债务人的配偶主张权利的,人民法院不予支持。但债权人能够证明所负债务用于婚后家庭共同生活的除外。

第二十四条 债权人就婚姻关系存续期间夫妻一方以个人名义所负债务主张权利的,应当按夫妻共同债务处理。但夫妻一方能够证明债权人与债务人明确约定为个人债务,或者能够证明属于婚姻法第十九条第三款规定情形的除外。

第二十五条 当事人的离婚协议或者人民法院的判决书、裁定书、调解书已经对夫妻财产分割问题做出处理的,债权人仍有权就夫妻共同债务向男女双方主张权利。

一方就共同债务承担连带清偿责任后,基于离婚协议或者人民法院的法律文书向另一方主张追偿的,人民法院应当支持。

第二十六条　夫或妻一方死亡的，生存一方应当对婚姻关系存续期间的共同债务承担连带清偿责任。

【扩展阅读】

千奇百怪的夫妻共同债务纠纷①

夫妻共同债务本是指在夫妻关系存续期间基于夫妻双方意思表示一致，并用于夫妻共同生活的债务，理应由夫妻共同偿还。

《法制日报》记者近日从重庆市江北区人民法院获悉，大量夫妻共同债务纠纷在夫妻离婚诉讼中或离婚后突然出现，且夫妻一方的亲戚或朋友作为债权人情况突出，存在伪造夫妻共同债务或以虚假夫妻共同债务抗辩损害夫妻另一方或善意债权人合法权益的可能。因债权人身份特殊，掺杂家庭关系，案件事实往往难以认定。

★ 夫妻共同债务真假难辨

2001年3月4日，王某与冯某登记结婚。2010年3月23日，冯某向法院起诉离婚，法院判决驳回诉讼请求。同年12月，冯某再次起诉离婚，经法院调解冯某与王某离婚，并对夫妻共同财产进行了分割。在离婚诉讼中，王某并未提出存在夫妻共同债务。

2011年2月22日，叶某向法院起诉王某与冯某，诉称王某与冯某在婚姻关系存续期间，王某于2005年3月26日在叶某处借现金10万元，并书写了借条，用于修建位于重庆市江北区某房屋，后经多次催收拒不归还，因此诉至法院。

叶某与王某系叔侄关系。王某对叔叔叶某的诉讼请求及事实和理由均予以认可。

冯某辩称，其修房子从未向叶某借钱，更不知晓王某向叶某出具借条的事情，叶某也未向冯某催收过。同时，冯某认为，叶某持有的借条是2010年离婚后王某书写的，要求对借条书写时间进行鉴定。

经法院委托，重庆一家司法鉴定中心于2011年6月10日对借条的形成时间做出司法鉴定，鉴定结论为“标称时间为‘2005.3.26’、借款人‘王某’的借条原件上黑色签字笔字迹晚于其标注的落款时间形成”。

2011年9月20日，一审法院认为，鉴定结论不能排除借条书写时间形成于

①详见《诚信缺失，夫妻共同债务纠纷不断增多》，载《法制日报》，2013年7月6日。

夫妻关系存续期间,遂判决王某与冯某共同偿还叶某借款10万元。

冯某不服判决,提出上诉。二审法院审理后认为,原告应对本案债务系夫妻共同债务负举证责任,因存在夫妻离婚后出具借条的可能性,故原告的举证责任未完成,因此判决王某归还叶某借款10万元,驳回叶某对冯某的诉讼请求。

★ 亲朋好友参与尤为突出

重庆市江北区人民法院民二庭副庭长朱敏表示,夫妻共同债务纠纷主要存在于两种诉讼中,一种是离婚诉讼过程中由夫妻一方或双方共同提出,另一种是债权人通过借款合同纠纷提起。在上述情形中,夫妻一方的亲戚或朋友作为夫妻共同债务的债权人情况尤为突出。

记者了解到,按照法律规定,在离婚诉讼中,不仅涉及夫妻关系的解除问题,还涉及夫妻共同财产的分割问题。在离婚诉讼中,法官询问双方财产处置时,经常会出现这种"怪相":夫妻一方声称在夫妻关系存续期间对外存在夫妻共同债务,并将自己单方向亲戚或朋友出具的借条作为夫妻共同财产的一部分,要求另一方偿还夫妻共同债务。

据统计,近年来,江北区法院受理的夫妻共同债务纠纷增长迅速。其中2011年受理53件,2012年受理87件。在这140件案件中,以夫妻一方亲戚为债权人的有133件,占95%,以夫妻一方朋友为债权人的有7件,占5%。

据统计,上述140件纠纷中,经过离婚诉讼后再起诉借款纠纷的有76件,正在离婚或准备离婚期间起诉借款合同纠纷的有48件。

★ 追求个人利益成为主因

为何会出现如此多的涉及亲朋好友的夫妻共同债务纠纷呢?

"离婚诉讼案件数量的增加导致夫妻共同债务纠纷的正常增长,但这并非主要原因。"朱敏说,最主要的原因在于夫妻双方感情破裂,一方希望在离婚诉讼中获取最大利益,企图伪造夫妻共同债务,侵吞夫妻共同财产。

夫妻共同债务纠纷快速增长的另一个重要原因,是夫妻共同债务成为夫妻转移感情矛盾,纠缠对方不放的工具。

失信成本不高,虚假诉讼难以有效规制,这一间接性的因素也促使夫妻共同债务纠纷的大幅增长。亲朋好友起诉的夫妻共同债务借款纠纷中,由于借条等证据较容易伪造,且司法实践中难以辨别,诉讼风险最多只是被驳回诉讼请求,并无其他损失及制裁措施,因此部分夫妻一方抱着侥幸心理进行虚假诉讼。

★ 形态各异，事实认定困难

江北区人民法院民一庭庭长张必元表示，在亲朋好友参与的夫妻共同债务纠纷中，夫妻与亲朋好友特别是家人之间关系特殊，在夫妻关系正常时，亲朋好友的金钱行为性质不明确，但在夫妻关系恶化时，亲朋好友又以借款为名要求夫妻偿还共同债务。例如，父母出钱给夫妻装修婚房，在夫妻离婚诉讼中，父母要求双方归还；祖父和外祖父要求夫妻归还抚养孙子、孙女的费用等等。

"正是这种特殊关系导致部分夫妻共同债务行为性质难以认定。"张必元告诉记者。

朱敏表示，夫妻一方伪造夫妻共同债务，或真实夫妻共同债务纠纷中夫妻一方故意以虚假诉讼之名抗辩，这两种诉讼失信行为扰乱了整个夫妻共同债务纠纷的审理秩序，增加了此类案件的审理难度。

上述夫妻共同债务纠纷因掺杂家庭关系，对方当事人提出的抗辩意见属于合理怀疑范围，因而其证据审查标准较一般夫妻共同债务纠纷严格，当事人的举证责任也相应加重。对该类纠纷不能轻易肯定或否定，否则将会损害真正债权人的利益。

朱敏说："在涉及夫妻共同债务的借款合同纠纷中，由于案件事实难以认定，举证责任较大，因此当事人对借条形成时间申请鉴定的比例较高。但鉴定机构通常不能做出有效鉴定，这也增加了案件事实认定难度。"

谈到夫妻共同债务纠纷的审理难度，朱敏认为，事实认定困难只是一个方面，另一方面是目前审理该类纠纷的法律依据主要是《合同法》、《婚姻法》以及婚姻法司法解释，缺乏专门的司法解释或意见加以指导，导致不同的法院，甚至同一个法院不同的法官对举证责任分配、法律适用均不一致，审理尺度不够统一。败诉一方当事人绝大多数不服气，不仅对对方当事人充满怨恨，而且认为法官判决不公，偏袒对方。

★ 如何有效预防和规范夫妻共同债务纠纷呢？

夫妻共同债务纠纷的"异化"，根本原因在于当事人诉讼诚信缺失。西南政法大学副教授李俊认为，诚信诉讼告知和财产申报制度有助于规范夫妻共同债务纠纷，即在立案时向当事人发放诚信诉讼告知书和财产申报表，倡导当事人诚信诉讼；要求夫妻双方在庭前如实对自己和对方的财产进行申报，并明确需要申报的财产种类、是否属于夫妻共同财产、处理建议等事项；同时，也要明确伪造夫妻共同债务等诉讼失信行为及其法律后果。

三、彩礼返还的有关问题

【精讲精析】

彩礼,又称财礼、聘礼、聘财等,送彩礼是中国旧时婚礼程序之一。我国自古以来在婚姻的缔结过程中,就有男方在婚姻约定初步达成时向女方赠送聘金、聘礼的习俗,这种聘金、聘礼俗称“彩礼”。

司法实践中一度以赠予来对待彩礼问题。从表面上看,送彩礼符合赠予的特征,但是它与一般的赠予有所不同。依照法理,赠予人可在三种情况下撤销赠予并要求受赠人返还所赠财产:严重侵害赠予人或者赠予人的近亲属;对赠予人有扶养义务而不履行;不履行赠予合同约定的义务。而送彩礼则是适龄男女订立婚约的一道程序,其以将来结婚为目的。我国并不承认婚约的法律效力,在一方违反婚约时,另一方不可能基于上述三种理由要求返还彩礼。彩礼是一方为能够与对方结婚而向其赠予的财物。如果双方缔结婚姻关系,赠予方赠送彩礼的目的已实现,不产生彩礼返还的问题。但如果最终劳燕分飞,赠予方则可以结婚目的落空为由要求对方返还彩礼。

司法解释规定在三种情形下,当事人可以请求返还彩礼:一是双方未办理结婚手续;二是双方办理结婚手续但未共同生活;三是婚前给付导致给付人生活困难。男方给付彩礼,是以结婚为目的的,当双方并没有结婚,男方给付彩礼的目的落空时,彩礼若仍归对方所有,便与其当初给付时的本意明显背离,当然应当返还。如果已经登记结婚,但没有共同生活,双方没有建立起夫妻间的权利与义务,甚至女方存在利用彩礼骗婚的情况,比如在收到彩礼,办完结婚登记后不久女方即要求离婚,那么,按照权利与义务相一致原则,即使结了婚,也应当返还“彩礼”。

关于“生活困难”的认定,《婚姻法解释(二)》第10条第1款第三项规定:“婚前给付并导致给付人生活困难的”应当返还彩礼。《婚姻法》第42条规定:“离婚时,如一方生活困难,另一方应从其住房等个人财产中给予适当的帮助。”《婚姻法解释(一)》第27条对该条所规定的“一方生活困难”解释为“依照个人财产和离婚时分得的财产无法维持当地基本生活水平”。故从婚姻立法的原意来看,《婚姻法解释(二)》第10条所规定的“生活困难”,应属绝对困难,即以因彩礼的给付导致给付人无法维持当地最基本生活水平为前提,体现的是对确有困难当事人的帮助。

【典型案例(一)】

夫妻同居仅一月,离婚诉请退彩礼

2010年1月,原告黄某某与被告张某经人介绍相识。在双方往来过程中,原告方给付被告及其亲属8000元。原、被告订婚时,原告方给付被告父母财礼钱1000元,给付被告买衣服零花钱2000元。2010年4月9日,原、被告登记结婚。双方共同生活了一月多时间,被告便返回娘家居住。

法院审理认为,原、被告婚前缺乏了解,草率成婚,婚后双方共同生活时间短暂,未能建立起夫妻感情,且被告同意离婚,故原告要求离婚的诉讼请求,法院予以支持,原告在婚前给付被告及其亲属的财礼钱、衣服零花钱系按照当地习俗给付的彩礼,被告辩称衣服零花钱系用于购买结婚用品,其性质不属于彩礼的理由不能成立。原、被告婚后一年多几乎没有共同生活,且给付彩礼导致原告家庭生活困难,故原告要求返还彩礼的诉讼请求,法院予以支持。故依法判决准予原、被告离婚,被告返还原告财礼款8000元。

【以案说法(一)】

我国《婚姻法》没有规定彩礼应如何认定,但彩礼是普遍存在的社会现象。关于彩礼发生纠纷应当如何处理,最高人民法院《婚姻法解释(二)》做了明确规定。就本案而言,原告给付被告彩礼11000元,双方按照当地习俗举行了结婚仪式,并办理结婚登记,但双方仅共同生活一个月便分居,应当理解为未共同生活,且因给付财礼造成原告家庭生活困难,故法院酌定由女方返还男方彩礼8000元是适当的。

【典型案例(二)】

离婚时返还彩礼应符合法定情形

赵某(女)与刘某(男)经人介绍相识开始恋爱,并于2006年3月登记结婚,婚前刘某曾分两次给付赵某彩礼款7000余元。婚后三个月,赵某向法院起诉要求与刘某离婚,并依法分割财产。庭审中,刘某表示同意离婚,但要求赵某返还彩礼款7000余元。

本案中,刘某表示同意离婚,双方无法共同生活下去,故对赵某的离婚请求予以准许,夫妻财产依法分割。

本案争议的焦点问题是:彩礼是否应返还?

法院经审理,驳回了原告要求返还彩礼的诉讼请求。

【以案说法(二)】

对于男女在婚姻缔结之前给付的彩礼在离婚时应否返还的问题,2004年4月1日起施行的最高人民法院《婚姻法解释(二)》第10条做出了规定:"当事人请求返还按照习俗给付的彩礼的,如果查明属于以下情形,人民法院应当予以支持:(一)双方未办理结婚登记手续的;(二)双方办理结婚登记手续但确未共同生活的;(三)婚前给付并导致给付人生活困难的。适用前款第二、三项的规定,应当以双方离婚为条件。"在本案中,当事人双方办理结婚登记并共同生活过一段时间,显然不符合前两项的规定,而第三项对于婚前给付导致给付人生活困难而应返还彩礼的,是指生活的绝对困难而非相对困难,是其生活靠自己的力量已经无法维持当地最基本的生活水平。而相对困难是实实在在的困难,由于给付彩礼造成了前后生活质量比较悬殊,相对于原来的生活条件来说,变得困难了。刘某不能证明依靠自己的力量已经无法维持当地最基本的生活水平,因此,他要求返还彩礼款的请求不能成立,应予以驳回。

【法条链接】

中华人民共和国婚姻法

第三条 禁止包办、买卖婚姻和其他干涉婚姻自由的行为。禁止借婚姻索取财物。

婚姻法解释(二)

第十条　当事人请求返还按照习俗给付的彩礼的,如果查明属于以下情形,人民法院应当予以支持:

(一)双方未办理结婚登记手续的;

(二)双方办理结婚登记手续但确未共同生活的;

(三)婚前给付并导致给付人生活困难的。

适用前款第二、三项的规定,应当以双方离婚为条件。

【扩展阅读】

材料一　彩礼返还的误区[①]

《婚姻法解释(二)》第10条明确规定了关于彩礼返还的三种情形,这无疑是破除给付彩礼的旧风俗,树立社会主义男女平等的新风尚的一大创举,有利于保障彩礼给付方的权利。然而,作为一种民间合约,当然不是真正意义上的合同,该解释的规定,有不符合我国国情的地方,存有以破除给付彩礼的旧风俗之名而损害妇女权益之嫌,以下几个方面应不予返还彩礼。具体表现在:

一、未办理结婚登记的情形

根据《婚姻法解释(二)》的规定,双方未办理结婚登记手续的,彩礼应予以返还,这是原则性的规定。然而,生活是多种多样的,情况也不尽相同。下面列举几种:

1.女方收受了彩礼而故意解除婚约。这种情形应该是借婚姻索取财物,符合该解释的精神,不予保护,应当予以返还。

2.女方收受了彩礼却因意外事件或者不可抗力的原因而不能履行婚约,女方有证据能够证明的。对于这种情形,《合同法》还规定了不可抗力的情形,笔者认为,可以不予返还。

3.男方在与女方订立婚约之后便开始了共同居住,或者在准备结婚的过程中已将彩礼消耗殆尽,所收的彩礼已用;这种情况下,彩礼应当不予返还。

4.男方在与女方订立婚约之后到办理结婚登记手续之前,又与婚约以外的第三人发生性行为,或者因触犯刑法而被采取强制措施,或者做出其他足以阻碍婚姻关系成立的行为的,女方不应当返还彩礼。

①详见《彩礼返还的误区》,http://www.110.com/ziliao/article-144409.html.

5.在男方违反婚约,或者男方对未办理结婚登记存在过错的情况下,就不应判决女方返还其彩礼。比如,同居后,双方共同生活,明显是男方的原因而导致不能共同生活的,就不应该返还彩礼。

二、已办理结婚登记的情形

双方办理结婚登记手续但确未共同生活的。我国《婚姻法》规定男女双方自婚姻生效之日起就开始享受到了婚姻的权利,这种权利的享有不以"未共同生活"而改变,只要办理了结婚登记,就是法律意义上的夫妻关系,夫妻关系一旦存在,就要对第三人的债权承担连带责任。因此,未共同生活的标准未界定,此项规定只是规定了妇女的义务而没有规定权利,其实质是鼓励男方离婚。

结婚时办理的嫁妆也应当返还。与彩礼相生相伴的嫁妆,是女方带给婆家的钱财和物品的总和,是为了建立长久的婚姻关系而联络亲家之间的关系的一种形式。只规定给付彩礼的当事人有主张返还彩礼的请求权,而未规定给付嫁妆的当事人主张返还嫁妆的权利,这就造成了平等民事主体在享有权利上不平等,该项彩礼返还规定明显剥夺了女方当事人应有的权利。

材料二 微历史:彩礼的前世今生[①]

从送兽皮到金器,再到自行车、缝纫机、手表,甚至888万的"土豪彩礼",多少年来,订婚或结婚送彩礼作为中国传统一直长盛不衰。

彩礼又称"财礼",订婚或结婚送彩礼是中国一大传统。古代"男女无媒不交,无帛不相见",没有媒人不能成亲,没有礼物不能见面,这一讲究在西周时就作为正式的婚姻礼仪而传承下来。西周时的彩礼叫"纳征",男家为了订婚向女家送财物,以表求亲诚意。如果女方家收下,则表示同意,愿意从一而终。送完彩礼后,若女方反悔,彩礼要退还男方;若男方反悔,彩礼一般不退。彩礼既是男家对女家的一种经济补偿,也是女家衡量男子能力的一个指标。

彩礼在各个时代不一样:周朝时送玉帛俪皮,战国流行金器,汉朝以黄金为主。隋唐以后,彩礼的种类和数量渐渐增多,金银玉器什么都有。宋朝最实际,"惟财是重",彩礼越值钱越好。民国时期也注重"彩礼","中华民国民法"规定,订婚或结婚必须有婚书或收聘礼才是合法。到了共产党根据地时期,收彩礼被认为是买卖婚姻。1934年4月8日,中央苏区颁行的《中华苏维埃共和

① 详见《微历史:"彩礼"的前世今生》,http://help.3g.163.com/13/1118/07/9DUQLHN500964JT6.html.

国婚姻法》，明确规定废除聘金、聘礼及嫁妆。新中国成立后，我国1950年、1980年《婚姻法》和2001年修改后的《婚姻法》正文中都没有对彩礼的相关规定，而是规定禁止买卖婚姻和借婚姻索取财物。至此，“彩礼”一词被排除在《婚姻法》之外。订婚或结婚送彩礼演变为民俗。

到了70年代，彩礼流行“三转一响”，“三转”是自行车、缝纫机、手表，“一响”是收音机，人们也形象地称其为“蹬蹬、转转、看看、听听”。在物资缺乏的年代，“三转一响”是凭票供应，有钱还不一定能够买到。其中，上海牌手表、飞鸽或永久牌自行车，是当时响当当的品牌。谁家有了这几样彩礼，喜事就办得风风光光。当时的工人工资大概每月二十来块，这几样加起来大概需要三百多块，是工人一年多的全部工资。在80年代出现了新的“四大件”彩礼：电视机、冰箱、洗衣机、电风扇。

而如今，彩礼更是成为婚庆支出大头。据媒体日前对北京、河南、上海、广西、浙江、福建等地的调查，89.1%的人在新婚时均为女方送了彩礼；礼金数额也反差巨大，低的有送6000元的，高的则达数十万元甚至百万元。而“浙江‘土豪’定亲豪掷888万现金”的报道更是让世人“亮瞎了眼”，只是这彩礼似乎变了味。

第七单元　伤害婚姻有代价

——离婚的损害赔偿

一、制止家暴谁有责

【精讲精析】

所谓家庭暴力,是指发生在家庭成员间的暴力行为,包括行为人以殴打、捆绑、残害、强行限制人身自由或者其他手段,给家庭成员的身体、精神等方面造成一定伤害后果的行为。

那么,遭遇家庭暴力时,该怎么解决呢?第一,受害人可以请求所在的居民委员会、村民委员会进行调解;第二,受害人可以请求居民委员会、村民委员会劝阻;第三,受害人可以向公安机关求助,公安机关接到报案后应当受理,出警制止,否则受害人可以提起公安机关不履行职责的行政诉讼;第四,受害人可以请求公安机关对加害人给予行政处罚。

【典型案例】

遇"家庭暴力"请求精神赔偿案

王某和宋某结婚已8年了,婚后一直没有生育子女,生活平淡。之后,王某因为单位经常加班,宋某便怀疑她可能有外遇,两人时常争吵,感情每况愈下。

一天,同事们上午还看到王某在上班,但中午吃饭时就不见了,手机也关机,可她随身携带的包还在公司,大家都觉得很奇怪。接下来的三天,仍毫无音讯,直等到第四天上午,王某才出现在大家的眼前,她面容憔悴,两臂有明显的瘀血,手腕上还留有刀伤。

原来,那天中午王某回家吃饭,又因宋某疑神疑鬼,双方发生口角,宋某将王某关在家中,连续捆绑、殴打了三天。王某的弟弟知情后报了警,110的民警到王某家敲门,宋某怎么也不肯开门,并以死相威胁。在民警的干预下,王某才被解救出来。这以后,王某就一直在外面租房子住,不敢回家,甚至连班也不敢上,最后被迫辞职。

王某对两人的婚姻彻底绝望,她向法院提出了离婚请求,并要求宋某赔偿因家庭暴力导致的精神损失费3万元。

法院认定了王某提交的出警情况、门诊病历、证人证言等多项证据,判决准予离婚,并由宋某赔偿王某精神损失费2万元。

【以案说法】

本案中,被告宋某把原告王某关在家里三天三夜,强行限制原告的人身自由,并捆绑、殴打原告,其行为已构成家庭暴力。根据《婚姻法》的规定,家庭暴力是法定离婚理由之一,受害者在提出离婚的同时,可以要求家庭暴力实施者承担损害赔偿责任,但在司法实践中,受害方以家庭暴力为由要求侵害方赔偿精神损害,往往难以得到法院支持。其主要原因是:家庭暴力一般发生在家庭内部,不会有目击证人,在家庭暴力实施者拒不承认的情况下,证据不好收集,事实难以认定。

【法条链接】

中华人民共和国婚姻法

第四十三条　实施家庭暴力或虐待家庭成员,受害人有权提出请求,居民委员会、村民委员会以及所在单位应当予以劝阻、调解。

对正在实施的家庭暴力,受害人有权提出请求,居民委员会、村民委员会应当予以劝阻;公安机关应当予以制止。

实施家庭暴力或虐待家庭成员,受害人提出请求的,公安机关应当依照治安管理处罚的法律规定予以行政处罚。

第四十四条　对遗弃家庭成员,受害人有权提出请求,居民委员会、村民委员会以及所在单位应当予以劝阻、调解。

对遗弃家庭成员,受害人提出请求的,人民法院应当依法做出支付扶养费、抚养费、赡养费的判决。

第四十五条 对重婚的,对实施家庭暴力或虐待、遗弃家庭成员构成犯罪的,依法追究刑事责任。受害人可以依照刑事诉讼法的有关规定,向人民法院自诉;公安机关应当依法侦查,人民检察院应当依法提起公诉。

中华人民共和国治安管理处罚法

第四十三条 殴打他人的,或者故意伤害他人身体的,处五日以上十日以下拘留,并处二百元以上五百元以下罚款;情节较轻的,处五日以下拘留或者五百元以下罚款。

有下列情形之一的,处十日以上十五日以下拘留,并处五百元以上一千元以下罚款:

(一)结伙殴打、伤害他人的;

(二)殴打、伤害残疾人、孕妇、不满十四周岁的人或者六十周岁以上的人的;

(三)多次殴打、伤害他人或者一次殴打、伤害多人的。

第四十五条 有下列行为之一的,处五日以下拘留或者警告:

(一)虐待家庭成员,被虐待人要求处理的;

(二)遗弃没有独立生活能力的被扶养人的。

【扩展阅读】

为什么家庭暴力索赔难[①]

在存在家庭暴力的离婚案件中,仅有小部分的当事人可以获得赔偿。究其原因,“家丑不可外扬”的传统观念使受害妇女往往羞于寻求法律救济。这是家庭暴力长期存在的内在原因。因此,一些业内人士主张完善惩治家庭暴力的措施!

★ 调查显示

某县法院调研显示,在以判决方式结案的100起离婚案件中,有28%的女

①详见《“家庭暴力索赔难”原因分析和对策》,http://www.lihun66.com/hynews/82684.html.1303261772.

方提及遭受过家庭暴力。而在家庭暴力案件中，有28%的当事人提出了损害赔偿请求，但只有3.5%的当事人获得了法院支持。

调研结果显示，离婚案件中家庭暴力的现象十分严重，且当事人无法获得足够的法律保护，并且离婚案件呈现普遍性、长期性和持续性、形式多样性、隐蔽性、较大的危害性等特点。

★ 原因分析

法官分析认为，家庭暴力一直是法治社会的顽疾，除了“男尊女卑”的封建传统观念是家庭暴力产生的历史原因外，社会角色的分工是家庭暴力形成的现实原因。由于男女分工的不同，处于经济和社会地位强势的男性在家庭生活中往往居于主导和支配地位，而处于弱势地位的女性往往在经济和生活上依赖于他们，一旦发生家庭矛盾，处于弱势地位的女性通常会成为家庭暴力的受害者。

“家丑不可外扬”的传统观念使受害妇女往往羞于寻求法律救济。这是家庭暴力长期存在的内在原因。

法官称，惩治家庭暴力的法律法规不完善是其蔓延的法制原因。我国的《刑法》、《民法》和《妇女权益保障法》等对家庭暴力都有相关的处罚规定，但是规定不明确，可操作性较差，法律的威慑力不强。例如，《婚姻法》第46条以及《婚姻法解释(一)》第29条对因家庭暴力而离婚的受害方赋予了损害赔偿请求权，而对未离婚的受害方并没有提供相关保护，并且对举证责任也没有明确规定，造成了当事人举证难的情形。这是家庭暴力无法根除的法制原因。

法官还称，目前，我国普遍缺乏行之有效的救助体系，社会对家庭暴力的宽容态度是造成家庭暴力的社会原因。比如，司法机关或社会组织不愿过多主动介入家庭暴力，社会公众也将“家庭暴力”视作隐私而“视而不见”。因此，一旦发生家庭暴力侵权，受害者便往往投诉无门。

★ 法官建议

法官认为，应在借鉴国外立法经验的基础上，制定专门的反家庭暴力法，对家庭暴力的救助、损害赔偿的举证责任等进行详细规定。还可以借鉴其他国家的经验，将保护令写进民事法律，比如受害者受到暴力威胁，随时可以打电话向警察求救，警察限定施暴者一段时间内不许回家，以免其继续虐待受害者，直到警方认为解除暴力威胁为止。

二、如何请求损害赔偿

【精讲精析】

2001年修订的《婚姻法》规定了婚姻过错损害赔偿制度。我国《婚姻法》所说的离婚损害赔偿,是指夫妻一方因法定的严重过错行为而导致离婚,并对无过错方造成精神或物质损害的,无过错方有权请求损害赔偿。我国《婚姻法》确定的离婚损害赔偿,实际上是一种过错损害赔偿,即夫妻一方的行为是构成离婚原因之一的侵权行为时,他方才可请求因侵权行为而产生的损害赔偿,如果离婚原因不是法定的侵权行为时,则他方不得请求离婚损害赔偿。这些特定的原因包括:(1)重婚的;(2)有配偶者与他人同居的;(3)实施家庭暴力的;(4)虐待、遗弃家庭成员的。可见,如果一方仅仅是和他人偶尔发生婚外性行为,另一方在离婚的时候是不能要求离婚损害赔偿的。

【典型案例(一)】

子非亲生,法院判妻子赔偿损失

郑某和樊某五年前经人介绍相识,两人一见钟情,迅速坠入爱河。一年后,经双方父母主持,两人举行了隆重的婚礼,随即开始了甜蜜的夫妻生活。但是甜蜜并没有持续多久,几个月后,郑某发现妻子较为势利,对自己安于现状、享受生活的态度非常不满,甚至岳父岳母也时有指责。后来,要强的妻子又找了一份繁忙但收入较高的工作,经常早出晚归,对丈夫更是颐指气使。

2005年4月,樊某生下了一个白白胖胖的男孩。全家人欣喜若狂,孩子满月时郑家人更是大摆宴席,遍请宾朋庆贺。但是,让郑某奇怪的是,妻子对全家人的兴奋并不以为然,有时还指责家人没本事、挣钱少。一开始郑某以为只是产后抑郁的一种表现,对樊某照顾得更加细致周到,但两个月过去了,樊某还是没有好转。郑某因妻子的无端抱怨,忍不住争吵了几句,樊某家人闻讯赶来,郑某又跟岳母发生了激烈的争吵,后来双方老拳相见,不欢而散。

妻子一怒之下带着儿子回了娘家,从此常住了下来。奶奶想念孙子,就经常把孩子抱来自己抚养,而樊某则是任郑家人百般相劝无论如何也不愿再回来。转眼十个月过去了,孩子已经牙牙学语了,郑家人却发现,这个宝贝孙子不论怎样看都不像自家人。

亲子鉴定向社会开放的消息传来,郑某决定带儿子做个鉴定。鉴定结果让全家人如五雷轰顶,“儿子”不具备郑某的遗传基因,排除其间的父子关系。

郑某一怒之下决定起诉离婚,并讨要自己已支付的抚养“儿子”的费用。今年4月底,郑某向法院递交了离婚诉状,并要求樊某赔偿其怀孕期间郑某所支付的营养费、分娩医疗费、满月酒席费、“儿子”的奶粉尿布费、母亲照顾“孙子”的误工费、“儿子”的医疗费及营养费等各项损失共计62000元,并要求对方赔偿精神损失费2万元。

法院经过审理后判决准予原、被告离婚,被告赔偿原告抚养“儿子”所支出的费用15000元,并赔偿原告精神损失费2万元。

【以案说法(一)】

樊某在夫妻关系存续期间与他人生育孩子,导致夫妻感情破裂,双方离婚;该子女与原告无父子关系,尽管原告在不明真相的情况下于夫妻关系存续期间对小孩进行了抚养,但不能认定原告对孩子有法定抚养义务,由此产生的损失应当由有过错方承担。鉴于原告在庭审中未能提供产生损失的证据,法院综合考虑了当地生活水平酌情做出了以上判决。

【典型案例(二)】

“捉奸”证据算不算?

南某与宜某两口子关系不太融洽,时常发生矛盾,南某怀疑其夫宜某有外遇,2002年10月18日,南某发现宜某与白某(女)行为不轨,便于深夜12时许,约集其父亲、兄弟多人,强行闯入白某家中,发现宜、白二人正在床上睡觉,于是双方发生冲突。在互相厮打中,南某家人将宜、白二人打伤后,当即报警。110干警赶到现场后,将受伤的众人疏散,纠纷得以平息。事后,南某向法院起诉与宜某离婚,并举出当晚将宜、白二人捉奸在床的证据,要求宜某赔偿其精神损害费2万元。

法院认为,我国《婚姻法》第46条规定,有配偶者与他人同居导致离婚的,无过错方有权请求损害赔偿。婚姻法解释中明确规定了“有配偶者与他人同居”的情形,即有配偶者与婚外异性不以夫妻名义,持续、稳定地共同居住,也就是说,不包括偶尔的、隐蔽的婚外性行为。因本案不符合法律规定,所以南某的请求不能得到支持。法院最终判决驳回了南某的诉讼请求。

【以案说法(二)】

《婚姻法》第46条规定,有下列情形之一,导致离婚的,无过错方有权请求损害赔偿:(一)重婚的;(二)有配偶者与他人同居的;(三)实施家庭暴力的;(四)虐待、遗弃家庭成员的。本案主要涉及对其中的“有配偶者与他人同居”的理解。“有配偶者与他人同居”与重婚的最大区别就在于是否以夫妻名义共同生活。如果双方以夫妻名义共同生活,则属于重婚,那是刑法调整的范围,反之则是“有配偶者与他人同居”。

从立法本意来看,“有配偶者与他人同居”主要是指“包二奶”“包二爷”等非法同居情况,而禁止有配偶者与他人同居的目的是反对破坏一夫一妻制的行为,倡导良好的社会风尚。从近年的审判实践来看,能够认定重婚犯罪的情况不多。有配偶者很难再公开与他人领取结婚证,而以夫妻名义同居又很难认定,有的甚至生了孩子也不以夫妻名义相称。换句话说,当事人也不会蠢到明知其行为要负法律责任还要冒被判刑的风险。但如果对“包二奶”“包二爷”等非法同居的现象放纵不管,势必导致婚姻家庭关系的不稳定,也不利于保护无过错方的权益。所以,对有“配偶者与他人同居”导致离婚的,让过错方付出一定的经济代价,其实是对这种行为进行一定的惩罚,也算是对无过错方的一种抚慰。

《婚姻法》修改以后,一些人对《婚姻法》第46条规定的损害赔偿在理解中存在偏差。有些人为了离婚时能得到赔偿,千方百计去“捉奸”,尽力搜集配偶通奸的证据(有不少受害者还弄巧成拙,吃了侵犯隐私权的官司),其实“捉奸”获得的证据与《婚姻法》第46条的规定没有必然联系。法律的着眼点是反对破坏一夫一妻制的行为,即有配偶者与婚外异性共同居住,一起生活的行为;至于共同居住期间是否发生性行为,并不是本条法律所关注的,只要有配偶一方与他人同居的事实已经构成,即使没有发生性行为,另一方作为无过错方都有权要求损害赔偿。相反地,即便配偶一方与他人有通奸行为,另一方也有充分的证据证明这种事实的存在,也不能理解为“同居”,因此,还是不能据此提起损害赔偿请求。所以,本案南某以“捉奸”的事实提出损害赔偿请求,不符合法律规定,不能得到法院的支持。

【法条链接】

中华人民共和国婚姻法

第四十六条　有下列情形之一,导致离婚的,无过错方有权请求损害赔偿:

(一)重婚的;

(二)有配偶者与他人同居的;

(三)实施家庭暴力的;

(四)虐待、遗弃家庭成员的。

婚姻法解释(一)

第二十八条　婚姻法第四十六条规定的"损害赔偿",包括物质损害赔偿和精神损害赔偿。涉及精神损害赔偿的,适用最高人民法院《关于确定民事侵权精神损害赔偿责任若干问题的解释》的有关规定。

第二十九条　承担婚姻法第四十六条规定的损害赔偿责任的主体,为离婚诉讼当事人中无过错方的配偶。

人民法院判决不准离婚的案件,对于当事人基于婚姻法第四十六条提出的损害赔偿请求,不予支持。

在婚姻关系存续期间,当事人不起诉离婚而单独依据该条规定提起损害赔偿请求的,人民法院不予受理。

第三十条　人民法院受理离婚案件时,应当将婚姻法第四十六条等规定中当事人的有关权利义务,书面告知当事人。在适用婚姻法第四十六条时,应当区分以下不同情况:

(一)符合婚姻法第四十六条规定的无过错方作为原告基于该条规定向人民法院提起损害赔偿请求的,必须在离婚诉讼的同时提出。

(二)符合婚姻法第四十六条规定的无过错方作为被告的离婚诉讼案件,如果被告不同意离婚也不基于该条规定提起损害赔偿请求的,可以在离婚后一年内就此单独提起诉讼。

(三)无过错方作为被告的离婚诉讼案件,一审时被告未基于婚姻法第四十六条规定提出损害赔偿请求，二审期间提出的，人民法院应当进行调解，调解不成的，告知当事人在离婚后一年内另行起诉。

婚姻法解释(三)

第十七条 夫妻双方均有婚姻法第四十六条规定的过错情形，一方或者双方向对方提出离婚损害赔偿请求的，人民法院不予支持。

【扩展阅读】

拜金主义、包二奶诱发离婚①

前日，江苏扬州仪征市法院发布了《关于家事纠纷审理情况的调研报告》，该报告称离婚纠纷连续3年稳坐家庭纠纷审理的“头把交椅”，并“炮轰”影视作品中对“拜金主义”“包二奶”等不良社会风气的渲染，认为离婚纠纷是由此诱发。

这份调研报告依据案件的审理材料总结原因，认为影视庸俗化是婚姻的“隐形杀手”。《调查报告》显示，2009年到2011年，仪征法院受理的各类家事案件较为平稳，平均每年都在700～800件左右，其中离婚类所占的比例最大。

该报告认为，相比常见的引发离婚的原因，生活方式迁移下的情感变化正成为导致离婚的新因素。人在社会交往中的复杂，使得人在处理家庭成员内部关系与外部关系时，都面对很大的压力以及要求。离婚案以夫妻忠诚义务问题最为突出，以婚外恋、第三者插足、网恋、一夜情等形式表现最为典型。

法官结合大量的离婚案例分析，发现上述原因深层次上离不开一个根本的“隐形杀手”——低俗的影视作品。这些作品正对一些人的婚姻进行着潜移默化的影响。

报告认为，电视剧、电影等文艺作品在创作过程中，不关注社会伦理道德的宣传，转而对曲折离奇的故事情节大肆渲染，讲娱乐化和庸俗化，对“拜金主义”“性解放”“包二奶”“绝对个人自由”“无须对家庭成员负责”等与家庭道德风尚相悖的价值观不加抵制，反而刻意渲染。该报告说，“一些人因约束力差而极易堕落腐化，也对未成年人的成长产生着负面影响”，并引用案例力斥低

①详见《江苏法院炮轰影视剧：拜金主义、包二奶诱发离婚》，http://roll.sohu.com/20120310/n337291465.shtml.

俗影视二宗罪。

第一宗罪:渲染“包二奶”——公务员婚外情丢了工作又破财

王刚(化名)是外地人,几年前考取了仪征的公务员岗位,与当地女子阿兰(化名)结婚。他就是受低俗影视的影响,婚后有了婚外情,并两次起诉要和阿兰离婚。仪征法院判决不准离婚,但双方一直未能好合。后王刚因故被单位辞退,担心王刚没了工作可能离开仪征,导致孩子的抚养费没有着落,阿兰主动到法院要求离婚。由于双方婚后未添置共同财产,最终王刚将账户中的资金全部转入阿兰账户。

第二宗罪:渲染“绝对自由、无须对家庭负责”——婚后无子要“休妻”,两地分居“搞情况”

阿英(化名)和大伟(化名)结婚多年一直没有生育子女,影视作品中“绝对自由、无须对家庭负责”的渲染深深影响着大伟,他要离婚。2010年经法院调解离婚后,阿英又认为自己为家庭付出了很多,被“抛弃”实在心有不甘,精神濒临崩溃,又向仪征法院提起离婚的损害赔偿诉讼。

小雅(化名)和阿豪(化名)几年前结为夫妇,由于阿豪长期在外打工,夫妻感情日渐淡漠。影视作品中很多“异地夫妻”重新就近选择“另一半”的情景也应验在了他们身上。小雅在2011年起诉离婚,经过仪征法院调解,双方和好,可是不久之后“烽烟”再起,双方又为了离婚对簿公堂。

这只是众多案件中的几例,法官综合认为,影视作品更应当积极加强舆论导向的把握以及宣传重心的调整,突出家庭为个体以及社会提供的归宿和保障,引导观众对人性的深刻剖析和思考,呼唤人们对建立家庭道德的自觉性。同时呼吁建立家庭道德风尚奖来引导舆论,鼓励和褒奖典型的和谐家庭。

三、离婚损害赔偿中的精神损害赔偿

【精讲精析】

离婚案件的精神损害赔偿,即离婚损害赔偿制度的构成要符合以下五大要件:

1.夫妻一方对离婚具有主观上和行为上的过错。这是离婚损害赔偿的主观方面要件,即要求一方有过错,而且该“过错”必须是导致离婚的过错。也就是说,对于婚姻关系的解除,一方在主观上具有故意或过失。如果双方均无过错,则不承担赔偿责任。

2.夫妻一方的行为具有违法性。这是离婚损害赔偿的客观行为要件,即过错方的行为违反了《婚姻法》规定。如《婚姻法》第4条规定了夫妻应当互相忠实、互相尊重的义务,第20条规定了夫妻有相互扶养的义务等,如果一方重婚、与他人同居、实施家庭暴力或虐待遗弃家庭成员,则明显违反了上述法定义务。

3.受害人无过错。这是离婚损害赔偿的受害人要件,即受害人请求损害赔偿必须没有主观过错。《婚姻法》明确规定了有权请求损害赔偿的一方应为"无过错方"。

4.请求权人有损害事实。这是离婚损害赔偿的客观后果要件,即享有请求权的一方当事人必须证明损害事实存在,包括财产损害与精神损害。这也是构成离婚损害赔偿的要件之一。

5.过错行为与损害事实之间具有因果关系。这是离婚损害赔偿的因果关系要件,即过错一方的违法行为与无过错一方的损害事实具有法律上的直接因果关系。

【典型案例】

离婚精神损害赔偿请求权何时行使?

2005年4月9日,某市市民秦某与第二任妻子奚某生育一男孩。秦某的前妻吴某得知后,于2005年9月向当地法院提起诉讼。诉状中称:自己与前夫2001年4月登记结婚,2004年11月协议离婚。当时,秦某声称离婚的原因是婆媳关系紧张,导致夫妻感情破裂。没想到离婚后不到一个月时间,秦某再次结婚。2005年4月秦某与现任妻子生一足月男孩,证明秦某在与自己婚姻关系存续期间,即与现任妻子同居且导致其怀孕,给自己造成精神损害,因此要求前夫秦某给付自己精神损害赔偿金2万元。

法院认为,从原、被告离婚的时间与被告再婚的时间以及秦某生下一男孩的时间对比可以判定,秦某现任妻子奚某受孕时间处于原、被告婚姻关系存续期间。原告吴某提出对该男孩与秦某做亲子鉴定,而被告秦某拒绝进行亲子鉴定。基于奚某受孕时间处于原、被告婚姻关系存续期间的事实和涉案当事人身份关系的特殊性,按照举证分配原则,法院认为被告秦某对此未完成举证责任，认定该男孩系被告秦某与奚某所生。按照人类生育繁衍的一般正常生理过程，奚某的受孕条件在一般情况下离不开与被告持续、稳定地共同居住生活，根据最高人民法院《关于适用〈中华人民共和国婚姻法〉若干问题的解释》的规定，法院认定被告在与原告婚姻关系存续期间有在外与他人以夫妻名义同居生活的行为，并认定该行为是导致原告与被告协议离婚的原因之一，且给原告造成一定程度的精神损害。因此，法院判令被告向原告支付精神损害抚慰金15000元。

【以案说法】

近年来，离婚率逐年攀升。美好的婚姻，通常建立在感情的基础上，双方的感情付出都是巨大的，因此离婚之变故，对于当事夫妻而言，往往是痛彻心扉的遭遇。据调查，最近5年内，婚外恋是引起离婚的重要原因之一。这种因为第三方介入导致的离婚，大多数情况下，常常伴随着一方对另一方感情的不忠、有过错等。由于一方有第三者，不论是在感情方面或生活方面，给配偶方带来的伤害都是巨大的。

诉讼实践中，大部分受到此类伤害的一方在离婚时都会提出精神损害赔偿。离婚精神损害赔偿，是指有配偶一方因过错导致婚姻关系破裂，离婚时向无过错配偶所遭受的精神利益损害和精神创伤所承担的民事责任。2001年4月28日公布施行的《中华人民共和国婚姻法》首次确立了我国的离婚损害赔偿法律制度。那么，离婚精神损害赔偿请求权何时行使呢？由于法律和社会道德对于发生婚外恋一方均有约束，本着趋利避害之原则，当事人大多会掩饰、否认。现实中，许多无过错者因为感情的疏远或本人的疏忽以及对方的巧妙掩饰，离婚之前并不知道对方有第三者的情况，很多人是离婚后才发现对方离异原因真相的。甚至有一些当事者直至离婚，也不知道对方移情别恋的事实。最高人民法院《婚姻法解释(一)》第30条规定，符合《婚姻法》第46条规定的无过错方作为原告基于该条规定向人民法院提起损害赔偿请求的，必须在离婚诉讼的同时提出；符合《婚姻法》第46条规定的无过错方作为被告的离婚诉讼案件，如果被告不同意离婚也不基于该条规定提起损害赔偿请求的，可以在离婚后一年内就此单独提起诉讼；无过错方作为被告的离婚诉讼案件，一审时被告未基于《婚姻法》第46条规定提出损害赔偿请求，二审期间提出的，人民法院应当进行调解，调解不成的，告知当事人在离婚后一年内另行起诉。可见,如果当事人已经知道对方有过错,应仅限于在离婚时行使请求权,这样可以促使当事人及时行使权利。

【法条链接】

婚姻法解释(一)

第二十八条 婚姻法第四十六条规定的"损害赔偿",包括物质损害赔偿和精神损害赔偿。涉及精神损害赔偿的,适用最高人民法院《关于确定民事侵权精神损害赔偿责任若干问题的解释》的有关规定。

【扩展阅读】

中国式离婚成本有几何?[1]

中国的离婚成本有多低?继某电视台主持人的"绯闻事件"后,女白领姜某为出轨丈夫跳楼自杀,她的"死亡博客"再度引爆网友对婚外情的大讨论。

在婚外情高发的今天,很多人对出轨的配偶束手无策。网友认为,出轨方付出代价太小,是婚外情日盛的重要原因。他们义愤填膺:修改《婚姻法》,严惩婚外情。

在中国,配偶出轨,受害的一方到底能得到什么保障和赔偿?中国婚姻家庭法专业律师杨律师代理过200起婚姻家庭纠纷案件,其中涉及婚外情因素的占六成。在这些婚外情案件里,男方有外遇的又占了八成。而真正因配偶婚外情获得赔偿的仅2例,赔偿数额也很低。

★ 女白领跳楼事件回放

2007年12月29日,31岁的女白领姜某因丈夫婚外情从24楼的家中纵身跃下,姜某自杀前2个月开始写"死亡博客",记录心路历程。博客被网友发现并在"天涯"发帖披露。据姜某博客透露,她与比她小3岁的丈夫恋爱5年,结婚2年。因为丈夫与公司一位23岁的同事展开婚外情,并要与她离婚,姜某萌生了自杀念头。她也曾想过放弃自杀的念头,希望丈夫回头是岸。但跟丈夫

① 详见《中国式离婚成本调查:婚姻出轨受害者稳赔不赚》http://news.sina.com.cn/s/2008-01-24/102314817512.shtml.

谈判破裂后，她于2007年12月27日服药自杀被救，但40多个小时之后，姜某从24层跳楼身亡。

★ **婚外情获赔者微乎其微，婚姻遇出轨不必赔钱**

● 老公巴不得法院认定自己婚外情

在杨律师经手的案例中，有这么一个"有悖常理"的现象，若是丈夫有了外遇，主动起诉离婚的大都不是老婆，而是出轨的老公，而且老公巴不得法庭认定自己有婚外情，好赶紧离婚。即使承认婚外情，出轨方也没什么损失。按照中国现行法律，只要没达到重婚或者婚外同居，法院就不会判赔偿。普通的精神或肉体出轨、一夜情等等，只能作为判断感情是否确已破裂的证据。婚外生子都不一定能判赔。

● 婚外生子不等于同居，难获赔

2005年8月，北京有一个丈夫婚外生子案件，一审法院没有判给女方赔偿，二审上诉到北京市第二中级人民法院，支持了女方的赔偿要求，数额却仅有3500元钱。在法官看来，婚外生子不一定就意味着他重婚或者同居，一夜情也可能让女方怀孕，而且未必是男方意愿之内的。在中国的离婚损害赔偿制度里，离婚的一方要想因对方婚外情获得赔偿，就得证明对方的过错严重到重婚或者婚外同居。但这些在法庭上敢于承认自己出轨的人，即使存在也往往不愿承认和第三者同居。

★ **证明第三者存在很难**

● 北京没界定"多长算同居"

姜某在自己的"死亡博客"里写道，丈夫在2007年11月11日从两人的家中搬走了。她认为丈夫和第三者同居了。杨律师说："姜某若想向法官证明这一点，绝非易事。"

杨律师回忆曾遇到过这么一个案例：妻子跟踪调查了很长时间找到老公和第三者的住所，蹲守多时后，确信二人在屋内，于是报警，谎称屋里有人卖淫嫖娼。因为如果直接说捉奸，警方是很难出警的。警方进去后，抓个正着，二人又无法证明是夫妻关系，被带到公安局做了笔录——如果妻子要举证，这样的笔录才能算作合法证据。

这还不够，还得有二人租房的房东、左邻右舍或者居委会证实二人同住了多长时间，是不是达到同居的"标准"。最高人民法院相关司法解释里明确界定，"有配偶者与他人同居"的情形，是指有配偶者与婚外异性，不以夫妻名义，持续、稳定地共同居住。可"持续、稳定"究竟是多久？最高法院并没说。到目前为止,各地也仅有广东省高级人民法院界定这个时间为3个月以上,而北京还没有明确的界定。

另外还需要有证明两人关系的照片、普通信件、电子邮件、通话记录、聊天记录、证人证言等等,以此来构成一个完整的证据链。这在法庭上才有说服力。

● 真实影像未必“铁证如山”

在中国,谁主张,谁举证。很多人为了赔偿,不顾一切去找证据,结果没得到什么,还被第三者反告一把——侵犯隐私。

有人觉得拍到了真实影像就是铁证如山,那可不一定。这还得看是在哪里拍到的,用什么手段拍到的。如果丈夫把第三者带到夫妻两人的家里来,并且发生了性关系,这样的情景被拍到,能够在法庭上被视为合法证据。如果在别的场合,比如第三者家里,用针孔摄像机之类的手段偷拍的画面,或者破门而入得到的“证据”,法庭都不会认可。

★ 法官判赔只是“温柔一刀”

● 赔偿顶多一两万

在杨律师代理的120多起涉及婚外情而离婚的案件中,获得赔偿的仅2例,数额分别是2000元和2万元。

“无论谁对谁错,反正婚内财产是要均分的。在这个基础上,没有过错的一方可以要求赔偿,但一般情况下也就一两万。有时候无过错方为了赔偿,千辛万苦搜集证据,结果却得不偿失。”杨律师极不主张为赔偿找私家侦探调查。杨律师说,中国没有明确的法律来规定物质损失和精神损失怎么判,都得由法官自由裁量,而法官对判赔尺度的把握一般都非常“温和”,做出高额赔偿的判决需要法官付出相当的勇气。

● 签财产协议才可能获高额赔偿

曾有一位巫女士获得了101万元的高额赔偿。这是因为她和丈夫签订了婚内财产约定。

“要法院判决高额赔偿不太可能,”杨律师提出一个建议,“夫妻可以进行婚内财产约定,增加带有忠诚性质的条款;或者是离婚时,财产分割时向弱势方倾斜,甚至是仿照国外离婚夫妻赡养的条款。在实践中也有夫妻间单独订立忠诚协议。”

2006年10月,北京市海淀区人民法院东升法庭审结了原告巫女士起诉关先生离婚一案,判决巫女士与关先生离婚,大部分财产归女方所有,并判决男方依照约定赔偿女方精神损害赔偿金101万元。

巫女士和关先生1993年结婚并有一女，1999年关先生开始有外遇，还对外以夫妻相称。被妻子知道后，关先生表示愿意痛改前非，在2004年7月签订了婚内财产约定。但之后关先生一直未中断与第三者的来往，仍与其同居。最后法院判决，按照婚内财产约定，女方获得大部分财产，关先生还得支付101万元的精神损害赔偿金。

但这种约定的效力在实践中还存在争议。"如果案件中的关先生签下101万的赔偿协议时，本意是想维护婚姻，而不签协议又过不了关。真到了夫妻对簿公堂的时候，他如果能够举出足够的证据证明对方有胁迫等行为，法庭也可能不认定婚内财产约定有效。"

★ 有人为降低成本来中国离婚

在有些人看来，中国人的低成本离婚是导致婚外情高发的重要原因。有网友呼吁，"如果法律不严惩出轨方，那就逃离这片深爱的土地，不找中国男人，选择外嫁"。

国外离婚要付出什么代价？上海沪家律师事务所主任律师贾律师告诉记者，他代理的涉外婚姻中，不少人为了降低离婚成本，专程跑到中国来离婚。

● 结婚超过10年，得赡养弱势方终身

在和妮可基德曼结婚10周年纪念日前3天，汤姆克鲁斯赶着和她办了离婚手续。有报道说，保守估计，阿汤此举为他省下1亿多英镑的赡养费。因为据加州法律，婚姻满10年的夫妇，更有能力一方在离婚后须终身赡养配偶。

在美国等国家，对弱势一方来说，更实际的不是赔偿，而是"离婚后夫妻扶养制度"。美国有个规定，离婚后更有能力的一方要向另一方支付扶养费，这笔费用得能让对方维持不低于在婚姻期间的生活水准。扶养费的支付时间则根据结婚年限来认定。如果超过10年，就得终身支付赡养费。

此外，美国有20个州将过错作为确定扶养费数额的因素之一，当一方被证明有过错时，他就不可能获得配偶扶养。

而中国对女方的赔偿分三种：经济赔偿、经济补偿、经济帮助。哪一种都不是离婚后的扶养。也就是说，无论谁对谁错，只要离婚了，就不存在对对方的扶养义务了，哪怕一方没有任何劳动能力。

● 受害配偶能向第三者索赔

1997年8月5日，美国北卡罗来纳州法院做出了司法史上首次"第三者"受罚的判例，即第三者考克斯因通奸行为致朵罗西婚姻关系破裂，法院陪审团要求考克斯向朵罗西支付高达100万美元的赔偿金。

根据美国法律,第三人以诱惑、离间与通奸行为导致夫妻感情疏远,甚至夫妻关系解体,受害的配偶一方有权要求第三人予以赔偿损失。一些州的法律明确规定,只要通奸行为对婚姻有所损害,就可以判决第三人予以赔偿。日本等国家和地区,也在司法诉讼中肯定了受害配偶能向第三者提出赔偿。

我国《婚姻法》修订时没有确立“配偶权”,导致法院往往不受理受害配偶告第三者的案件。

● 德国还有“禁止”离婚条款

在中国,领结婚证当天就可以离婚。到了国外,离婚可不那么简单。在美国,夫妻双方从提出离婚申请到正式离婚要经过2年时间。在德国,如果双方都同意离婚也得等到分居1年之后;有分歧的话,还得等到分居2年之后。

德国还存在对“主妇婚”的保护。一些已婚妇女做了全职太太,没有独立的经济收入,离婚所带来的后果会使她们生活贫困化,也因为“有利于子女幸福”的原则,德国离婚法一大特色为:有禁止离婚的条款——如果离婚会给配偶一方带来极大困难,或者为了夫妻双方共同的未成年子女的利益,即使婚姻破裂也不允许离婚。

● 小调查

婚外情成头号婚姻杀手。这是《中国新闻周刊》根据调查问卷而得出的结论,分别有9021人参与了男人卷的调查,5002人参与了女人卷的调查。

“你是否相信存在永恒的爱情?”

男女中的多数人都选择了“否”

“你认为是否能做到忠于婚姻?”

多数男性选择——“否”

多数女性选择——“是”

“面对诱惑,你的心理状态是……”

更多的女性选择——“这有悖社会的道德观”

更多的男性选择——“有那么多人都这样,我也可以”

“如果发生婚外情,你会怎样选择?”

更多的男性选择——“我可以在家庭和情人间维持平衡”

更多的女性选择——“退出,保护家庭”

四、离婚损害赔偿诉讼的提起

【精讲精析】

人民法院在受理离婚案件时,应当通过书面形式告知当事人享有要求离婚损害赔偿的权利。如果该无过错方是离婚诉讼中的原告,那么必须在离婚诉讼的同时提出离婚损害赔偿。如果该无过错方是离婚诉讼中的被告,既不同意离婚,也没有提起离婚损害赔偿要求的,可以在离婚后一年内就此单独提起诉讼。如果该无过错方是离婚诉讼中的被告,在一审时没有提出离婚损害赔偿请求,但是在二审却提出来的,人民法院应当进行调解,调解不成的,告知当事人在离婚后一年内另行起诉。

【典型案例(一)】

协议离婚后能主张精神损害赔偿吗?

刘某与王某于2007年1月结婚。由于刘某与王某自由恋爱时间短,双方缺乏很好的了解,因此在婚后,王某经常因一些家庭琐事或酗酒后对刘某大打出手。2007年11月28日,王某喝酒后又对刘某进行殴打,忍无可忍的刘某离家出走。在朋友的劝说下,刘某决定与王某离婚。2008年2月3日,双方达成离婚协议,并到婚姻登记机关办理了离婚手续。2008年3月16日,刘某以在婚姻存续期间,王某对其实施家庭暴力,使其身体遭受伤害与精神遭受巨大痛苦为由向法院起诉,要求王某赔偿精神损害抚慰金15000元。王某接到法院的应诉通知书后,感到很惊讶:既然已经协议离了婚,何来精神损害赔偿?

法院审理后认为,王某与刘某在婚姻存续期间,王某对刘某实施家庭暴力的行为导致婚姻解体,王某存在很大过错。尽管双方已经协议离婚,但在离婚协议中刘某并没有明确放弃损害赔偿请求权,其起诉的时候也没有超过一年的除斥期,刘某的诉讼请求予以部分支持。

【以案说法(一)】

离婚损害赔偿制度是有配偶的一方具有《婚姻法》第46条规定的事由而导致离婚的,有过错方在离婚时对无过错方所遭受的损失给予赔偿的制度。最高人民法院《婚姻法解释(二)》第27条对协议离婚后又提起损害赔偿诉讼做出了规定,包括:(一)当事人在婚姻登记机关办理离婚手续后,仍有权利提出损害赔偿请求;(二)当事人在协议离婚时明确表示放弃损害赔偿请求权的,人民法院不予支持;(三)当事人应当在婚姻登记机关办理离婚手续后一年内提出损害赔偿,逾期则不予支持。一年的规定属于除斥期间,不适用诉讼时效中关于中止、中断的规定。本案中,刘某在离婚协议中并没有明确放弃精神损害请求权,所以在办理离婚登记手续后一年内,她有权向法院起诉要求精神损害赔偿。

【典型案例(二)】

离婚一年内索要精神损害赔偿案

辛某和路某于2002年2月结婚,孩子出生后双方筹资承包一百货门市部,路某负责经营,辛某在家照看孩子。后来,路某以晚上看店为由经常不回家居住,双方为此不断生气,感情逐步恶化。辛某感到丈夫不愿意再和自己共同生活,便提出和路某离婚,路某同意。2005年10月,双方就孩子抚养、财产分割等问题达成协议,到民政部门办理了离婚手续。离婚后不久,辛某听说路某在离婚前经常和一女人住在一起,就质问路某,路某对此承认。辛某于2006年5月提起诉讼,要求路某承担损害赔偿责任。

法院经过审理,驳回了原告辛某的诉讼请求。

【以案说法(二)】

《婚姻法》第46条规定:“有下列情形之一,导致离婚的,无过错方有权请求损害赔偿:(一)重婚的;(二)有配偶者与他人同居的;(三)实施家庭暴力的;(四)虐待、遗弃家庭成员的。”最高人民法院《婚姻法解释(二)》第27条也明确规定，当事人在婚姻登记机关办理离婚登记手续后，以《婚姻法》第46条规定为由向人民法院提出损害赔偿请求的，人民法院应当受理。但当事人在协议离婚时已经明确表示放弃该项请求，或者在办理离婚登记手续一年后提出的，不予支持。辛某的前夫与其他女性同居发生在他们登记离婚之前，其过错非常明显，辛某与前夫在婚姻登记机关办理离婚时，并没有明确表示放弃损害赔偿请求权，她在登记离婚一年内向人民法院提起诉讼，要求其前夫承担损害赔偿责任也没有超过一年的除斥期间，那么，她的诉讼请求为什么不能得到支持呢？

《婚姻法》第46条虽然规定了当事人有四种过错情形之一时，无过错方有权请求损害赔偿，但是该条也明确规定了既要有此类过错存在，同时还必须是因此类过错而导致离婚。也就是说，无论是诉讼离婚还是协议离婚，离婚的原因必须是这些过错，在这种情形下，无过错方才有权请求损害赔偿。如果当事人在离婚时不知道对方存在这些过错而与之离婚的话，那么就不能认定这些过错是导致离婚的直接原因。因此，离婚时就知道对方存在这些过错情形是适用《婚姻法》第46条的前提。最高人民法院《婚姻法解释(二)》第27条为了更好地保护无过错方，做了不同于诉讼离婚的规定，放宽了对无过错方的要求，允许其在离婚后一年内单独就损害赔偿问题提起诉讼，但这是有条件的，即要求当事人在离婚时必须知道自己是无过错方，必须知道对方的过错情形而导致离婚。如果在协议离婚后才发现对方原来曾存在过错情形而向人民法院提起损害赔偿请求的，人民法院依法不支持当事人的诉讼请求。就本案而言，辛某在和丈夫协议离婚时并不知道丈夫在离婚前和其他女性同居的事实，因此，即使她在离婚后一年内提出损害赔偿请求，人民法院也不会支持其诉讼请求。

【法条链接】

婚姻法解释(一)

第二十八条　婚姻法第四十六条规定的“损害赔偿”，包括物质损害赔偿和精神损害赔偿。涉及精神损害赔偿的，适用最高人民法院《关于确定民事侵权精神损害赔偿责任若干问题的解释》的有关规定。

第二十九条　承担婚姻法第四十六条规定的损害赔偿责任的主体，为离婚诉讼当事人中无过错方的配偶。

人民法院判决不准离婚的案件,对于当事人基于婚姻法第四十六条提出的损害赔偿请求,不予支持。

在婚姻关系存续期间,当事人不起诉离婚而单独依据该条规定提起损害赔偿请求的,人民法院不予受理。

第三十条 人民法院受理离婚案件时,应当将婚姻法第四十六条等规定中当事人的有关权利义务,书面告知当事人。在适用婚姻法第四十六条时,应当区分以下不同情况:

(一)符合婚姻法第四十六条规定的无过错方作为原告基于该条规定向人民法院提起损害赔偿请求的,必须在离婚诉讼的同时提出。

(二)符合婚姻法第四十六条规定的无过错方作为被告的离婚诉讼案件,如果被告不同意离婚也不基于该条规定提起损害赔偿请求的,可以在离婚后一年内就此单独提起诉讼。

(三)无过错方作为被告的离婚诉讼案件,一审时被告未基于婚姻法第四十六条规定提出损害赔偿请求,二审期间提出的,人民法院应当进行调解,调解不成的,告知当事人在离婚后一年内另行起诉。

【扩展阅读】

材料一 中国古代娶妻与纳妾制度①

一、娶妻纳妾制度的起始与完善

远古之民,众民杂居,人多不知其生父母,父子聚麀,不知其配偶,以致纲常礼制崩坏。所以,婚姻制度是在远古先民经过千百年来长期社会探索得出的社会探索成果。远在夏商时期,中国已经形成了一夫一妻多妾这一婚姻制度,这种婚姻制度在《史记》和甲骨文中均得到证明。

在西周,这一婚姻制度得到完善,这是由于儒教倡导的“礼”的盛行。西周进一步确立了一夫一妻制,《礼记·曲礼》里记载,“天子有后,有夫人,有世妇,有嫔,有妻有妾”,上行下效,一夫一妻制度不仅在贵族得以实行,普通百姓也实行这一制度。而后世娶妻的基本要件如“同姓不婚”“六礼”“媒妁之言”等也

①详见《中国古代娶妻与纳妾制度浅谈》, http://www.360doc.com/content/10/1212/23/3693593_77560005.shtml.

是在这个时期提出的。

秦代由于实行法家思想，所以与前世明显不同，如结婚必须到官府登记、夫妻相对平等、妻子可以控告丈夫罪行等，这些与儒家思想所提倡的男尊女卑有显著区别，可惜这一制度随着秦的灭亡而消失在历史长河之中。

汉代恢复了西周时期儒家的娶妻纳妾制度，汉代强调妻的地位绝对高于妾。值得关注的是，汉代初年强调早婚，如果女子十五不嫁，那么将缴纳五倍的赋税，这也是历史上规范婚姻年龄的先例。

三国两晋时期，婚姻双方强调门当户对，法律禁止良贱通婚，否则会被称为“失类”。

隋唐在延续西周婚姻制度的前提下首先提出了“义绝”，这是一种强制离婚制度，这一制度明显偏向夫方，妾的“离婚”不在法律保护范围之内。

宋朝规定了结婚年龄为“男十五，女十三，并听婚嫁”。宋朝律法还规定，如果丈夫三年不回、六年没有音信，那么妻子可以离婚和改嫁，但是“妻擅走者徙三年，改嫁者流三千里，妾各减一等”。相比之下，宋朝时期妻子的地位相对提高，但男尊女卑现象仍然存在。

明、清是中国古代婚姻制度的最终形态，婚姻等级观念相较于前几个朝代有所下降，而且《大明律》中甚至规定在订婚中要告诉身体情况等，这颇有后世优生学思想。

二、娶妻纳妾的形式与内容

古时娶妻不仅是为了延续血脉，更是为了显示伦理纲常，而且为合两家之好，所以礼制在娶妻过程中极为明显。按儒家《礼记》记载，这一过程可以分为六部，即“六礼”。

“纳采”，男方请媒人到女方家提亲，得到允许后送上礼物——雁（雁为随阳之鸟，是为了象征妻从夫这一原则）。“问名”，媒人问女方姓氏，这是为了了解对方是否与自己同姓，因为古人通过观察得知“男女同姓，其生不藩”。“纳吉”，男方得知女子姓氏后占卜，如果得到吉兆就回报女家。“纳徵”，即订婚，纳徵要送帛、鹿皮等礼物给女方。“请期”，男方择定迎亲的日期。“亲迎”，即男方在指定日期亲自到女方家迎娶。

六礼的制度过于繁复，宋代被简化为纳采、纳币、亲迎三种礼，而且送“雁”后来也被变为送羊、酒和彩缎，这对野生动物保护也是一大进步。

纳妾相对娶妻则极为简单，“纳”这个字相对“娶”来说有低位的感觉，而且妾也可以用买。郑玄在《礼记》的笺注里曾经注释道：“妾合买者，以其贱同于公物也。"可见妾的地位是极为卑下的。一般来说,妾的纳娶需要妻的同意,多为妻老年无子,但纳妾也可能是从嫁、私奔、赠送、官配等,其中从嫁即为"媵",在《尸子》中曾推测娥皇女英嫁于尧即为媵制。从纳妾的制度来看,妾与妻的地位是无法比拟的,而且妾的宗族与夫也不为秦晋之好,相对来说更像是商人与顾客的关系。

三、婚姻之义

婚为妻之父,姻为夫之父,从字面来看,婚姻确实为双方父母的一次联姻,纳妾相对来说草率得多,其意义也基本局限于延续血脉,所以无法与娶妻相提并论。纵观中国古代娶妻纳妾史,基本来说充满了父母包办与男女不公,研究古代娶妻纳妾制度对后世夫妻家庭关系有重要的作用。同时,通过对以我国为代表的儒家世界夫妻关系和西方基督教世界的夫妻关系对比来研究世界女权运动也有积极影响。因此,研究中国古代娶妻纳妾制度是有重要意义的。

材料二　一夫多妻制①

一、简介

一夫多妻制是一种多偶婚制,指一个男子同时娶两个或两个以上女子为配偶的婚姻形式。中国在民国时期公布"民法"后实行一夫一妻制,而中华人民共和国于1950年施行的《婚姻法》则规定一夫多妻不合法。

早期文明中,在政治与经济上占有主导地位的男性拥有更多的繁育机会,加之战争等原因导致男性死亡率较高,一夫多妻制保障了女性的生育权,为人类繁衍集中了资源,具有一定的合理性。

但随着近代女性地位的上升,多妻制已不再被主流社会认同,但仍在部分国家和地区演变留存。

二、形成因素

1.历史产物

一夫多妻制始于母权制后期,为父权制婚姻形式的特点,是生产资料私有制的产物。最初择妻范围多限于姊妹,进入阶级社会后,性质改变了,择妻范围也扩大了。

2.地位象征

一夫多妻或纳妾制大多盛行于古代文明民族中,也是富人和显贵人物的特权。只有男性中富有和拥有相当政治权力的人才能享有多过一位妻子的特

①详见《一夫多妻制》,http://baike.so.com/doc/6401783.html.

权。在中国奴隶社会和封建社会中，奴隶主和封建主公开实行以纳妾为主要形式的娶妻纳妾制，并以妻妾的多少作为财产和地位的象征。

三、各地案例

1.古代东亚

在东亚地区，古代实行“一夫一妻制”。在实践中常常是“一夫一妻多妾制”，这在本质上是一种一夫多妻的形式。对于一个成年男子来说，他的正式妻子只有一位，即“正妻”（或称正房、嫡妻、正室）。少数情况中，会多娶与正妻地位相等的妻子，则称为平妻。除正妻以外，他可以拥有数量不等的妾，也称“偏房”“侧室”“庶妻”，民间俗称“小老婆”“细姨”，比妾地位更低的则是宠婢。三者的地位依次降低，妻须明媒正娶，所生子嗣称为“嫡出”，具有正统法理的继承权利。妾和婢女所生子嗣称为“庶出”，地位较低，妾以较为简单的仪式所纳，所生的子嗣仍可能有资格继承家族遗产。婢女所生子嗣则属于私生子，甚至有时不被视为家庭成员。

在近代以前，官员和商人纳妾的情况是很常见的，但对于妾的出身则有着相应的要求。比如明代，朝廷明确规定，官员不可纳妓为妾，否则革去官职，永不续用。民国时期，1930年公布的“民法”规定一夫一妻制。但初期民间纳妾仍然盛行，政府只能做到要求高级官员不要纳妾。如今，在中国大陆和中国台湾，纳妾都是非法的，但事实上的“纳妾”（包二奶）情况仍然存在。

2.古代欧洲

古代的欧洲，包括古希腊和罗马，形式上以一夫一妻为主流。但是，在欧洲中世纪，存在初夜权等现象，领主具有享用和当地所有中下阶层女性第一次性行为的权利，在法国、德国、苏格兰等地以法律的形式做规定。1833年颁布的《威尔士图解法典》中规定：“庄园主将有权向其领地上所有结婚的人收取10先令(50便士)，否则按照习俗，他可以在新婚第一夜与新娘过夜。”这种制度比可能造成财产分割损失的一夫多妻制对有权有产的庄园地主更有利。在西方基督教社会，罗马法律曾规定男子可以有一个妾，但是妾所生的儿子在法律上等同于私生子。

3.非洲地区

塞内加尔是一个被西方看作民主实行较好的国家，但却是个一夫多妻制比较顽固的国家。塞内加尔总统瓦德于2000年在通过新宪法之前虽然提出了许多有关妇女解放的条款，但拒绝取消一夫多妻制，并认为它是“不能禁止”的“古老传统”。更有甚者，在非洲还有公开为一夫多妻制辩护的国家元首。比如,联合国2003年的一份报告中指出,斯威士兰艾滋病病毒携带者太多的原因之一是一夫多妻制时,该国的国王姆斯瓦蒂三世竟然公开在电视台反驳。

2011年10月,利比亚全国过渡委员会主席穆斯塔法·阿卜杜勒·贾利勒在全国解放庆典上表示将恢复在卡扎菲时代被禁止的一夫多妻制。除此之外,乌干达、埃及、苏丹、埃塞俄比亚、也门、阿联酋、卡塔尔、巴林、约旦、阿曼、摩洛哥、索马里等国家都允许实行一夫多妻制。

四、现代变异

虽然一夫多妻婚姻不被现代大多数社会认同,但一夫多妻行为依然存在。它以同居情妇的形式而保存下来,这些情妇或公开或秘密地受到有钱男性的支持。在某些情况下,一名男子可以有另一个(或更多)的家庭,拥有着法律上不承认的"妻子",供养她及其所生育的非婚生子女。在某些地区,妻子不仅知道丈夫的情人,而且帮助他挑选与其身份地位适合的人选。另一种现代一夫多妻制的表现是一系列的一夫一妻制,通过不断离婚和再结婚,允许伴侣经历多重的而又合法的夫妻关系。

五、离婚时一方确有困难的情形

【精讲精析】

《婚姻法》第42条规定:"离婚时,如一方生活困难,另一方应从其住房等个人财产中给予适当帮助。具体办法由双方协议;协议不成时,由人民法院判决。"在我国,由于各种原因导致男女之间的经济收入仍有一定的差距。离婚时,生活困难的一方往往是女方。因此,规定一方给予另一方适当的经济帮助,有利于消除妇女在离婚问题上的顾虑,有利于保障离婚自由,同时也有利于防止离婚后造成不良的社会后果。离婚时,一方生活困难,另一方给予适当的经济帮助,与夫妻关系存续期间的扶养义务是不同的。夫妻关系存续期间,其互相扶养的义务是无条件的。但是夫妻离婚后,其人身关系和权利义务关系随离婚而消失,一方对另一方提供经济帮助是有条件的。

最高人民法院《婚姻法解释(一)》第27条规定,"一方生活困难",是指依个人财产和离婚时分得的财产无法维持当地基本生活水平。一方离婚后没有住处的,属于生活困难。一方生活困难是指离婚时已经存在的生活困难,不是指离婚后任何时候发生困难,都可以请求帮助。同时,另一方有负担能力,帮助仅限于力所能及的范围。根据上述解释,经济帮助的具体办法是:(1)离婚时,一方有劳动能力,生活暂时有困难,另一方可给予短期的、一次性的经济帮助;(2)结婚多年,一方年老病残、失去劳动能力而又无生活来源的,离婚时,另一方应当在居住和生活方面给予适当的安排,可给予长期的经济帮助;(3)在执行帮助期间,受帮助的一方另行结婚的,应由其配偶扶养,帮助一方可终止给付;(4)原定经济帮助执行完毕后,对于要求继续给予帮助的,一般不予支持;(5)离婚时,一方以个人财产的住房对生活困难者进行帮助的形式,可以是房屋的居住权。另外,不能将一方对另一方的经济帮助与夫妻共同财产的分割予以混淆。经济帮助是一方对另一方有条件的帮助,而夫妻共同财产分割是夫妻双方对共同财产拥有的权利。如果一方所得的财产足以维持其生活,另一方则不予经济帮助。但是不能用经济帮助代替共同财产的分割,以防止损害接受经济帮助的一方对夫妻共同财产拥有的合法权益。

【典型案例】

离婚后一方生活困难的应如何处理?

原告宁某(男方)与被告刘某(女方)于2001年6月初经人介绍相识,同年10月16日登记结婚,婚后无子女。被告婚前已知晓原告患有偏执性精神分裂症。

原告先后给被告订婚款10001元,“改口钱”6000元,原告父母给被告“改口钱”1200元。

被告主张2001年12月24日把婚前个人的现金4万元给原告母亲用于给原告购买住房,该款原告应予返还。原告对此予以否认,被告提供证人张某、孙某(被告的表哥)出庭做证。

被告主张自2002年4月28日起租房、生活费用应由原告负担,提供租赁合同一份、合租协议一份予以证实。

原告以婚后因性生活问题而影响了夫妻感情为由请求离婚,并要求被告给付经济帮助款2000元,被告同意离婚,但不同意原告提出的其他请求。

某区法院审理认为,原、被告婚前感情一般,婚后因性生活问题影响了夫妻感情,原告请求离婚,被告同意离婚,原告离婚的请求应予支持。原告按当地风俗向被告支付16000元钱应为彩礼,因双方结婚时间短,被告应适当返还。原告主张的婚前及婚后送给被告钱物及被告回娘家买礼品共计支出10618元,除被告认可的在结婚典礼上原告父母给的1200元“改口钱”属于赠予外,其余的财物原告未提供证据证实,对此不予确认。被告主张的部分婚前财产原告不予认可,被告无证据证实,不予确认。被告主张给原告的父母现金4万元用于购房,其提供的证人与被告有利害关系,且证人证言无其他证据印证,其证言不足以被采信。被告关于其本人的房屋租赁费由被告负担的主张,缺乏法律依据,不予支持,但被告现无房居住,属于生活困难,原告应给予适当帮助。判决准予原告宁某与被告刘某离婚,原告给付被告经济帮助费5000元。

【以案说法】

《婚姻法》第42条规定,离婚时,如一方生活困难,另一方应从其住房等个人财产中给予适当帮助。最高人民法院《婚姻法解释(一)》第27条第2款、第3款对此明确了一方离婚后没有住处的,属于生活困难。生活困难的问题应该是一个社会问题,由社会保障、救济机制加以解决,而在社会保障机制并不健全的情况下,又必须寻求一个解决途径,以法律的形式让婚姻的配偶负担起这项任务。按照此规定,本义是经济方面的强者对弱者进行的一种帮助,宗旨是对弱者的救助,主要是对女方利益的保护。离婚后一方没有住处的,规定为属于生活困难的情形。可以说,住房问题无论在城镇还是乡村,就我国目前人们生活的水平现状来看,有举足轻重的位置。该案被告现无房居住,原告应给予帮助。

关于帮助的形式,另一方应从其住房等个人财产中给予适当帮助,可以是金钱,也可以以住房作为帮助的形式和手段,对于双方当事人自行协商的,具体问题由当事人自行解决,对于人民法院判决离婚的,如果一方生活困难的,决定采用金钱作为帮助形式的,可以判决由另一方一次性提供一定数额的金钱进行帮助。该案判决考虑到被告比较年轻,应自食其力,由原告以金钱一次性地进行帮助,以使被告暂时减轻经济上的负担,使其通过自身的努力摆脱困境,因为帮助毕竟是一种具有扶助性质的行为。

【法条链接】

中华人民共和国婚姻法

第四十二条　离婚时,如一方生活困难,另一方应从其住房等个人财产中给予适当帮助。具体办法由双方协议;协议不成时,由人民法院判决。

婚姻法解释(一)

第二十七条　婚姻法第四十二条所称“一方生活困难”,是指依靠个人财产和离婚时分得的财产无法维持当地基本生活水平。

一方离婚后没有住处的,属于生活困难。

离婚时,一方以个人财产中的住房对生活困难者进行帮助的形式,可以是房屋的居住权或者房屋的所有权。

【扩展阅读】

反家庭暴力法亟待出台①

自人类组建家庭以来,暴力就在家庭内上演。这一难题困扰世界,各国应对的态度和方式也有区别。在中国,由于封建陋习的影响,曾有不少人认为家暴是无关公众的家庭内部事件,法律不宜干涉。近些年来,社会人口流动加速之后发展成为“陌生人社会”,家庭成为孤立的单元,家庭成员只能依靠自我化解矛盾,在应付外部压力的同时,内部张力也扩大,从而更易引发殴打妻子、孩子甚至老人的暴力事件。因此,虽然反家暴立法已提上日程,但要解决家暴问题显然不能光靠一纸法律。

★ 家暴无关职业

从2004年开始,妇联系统每年接到的家庭暴力投诉一直都在4万到5万件之间,这个数字和2000年相比增加了1倍多,而且一直未有减少的趋势,占妇联信访总量的1/10。但是全国妇联权益部部长蒋月娥说,很难从这个数字去判

①详见《中国近几年家暴事件频发,反家庭暴力法呼之欲出》,http://www.china.com.cn/news/law/2011-10/24/content_23712096.htm.

断中国的实际家暴数量,因为这既可能因为家暴现象的确有愈演愈烈之势,也可能因为妇女维权意识的提高,更多人勇于大声地讲述自己的遭遇。到底有多少“沉默的羔羊”,这可能永远是一个未知数。

不过几乎所有的社会学调查都证明了中国家庭暴力的普遍存在:中国法学会反家暴网络理事会的抽样调查显示,家庭暴力在普通人群中的发生率为34.7%,最高人民法院中国应用法学研究所在2007年至2008年间的问卷调查发现,涉及家庭暴力的离婚案件占不同基层法院受理全部离婚案件的比例,最低为36%,最高达62%。这表明家庭暴力已经成为离婚率上升的重要原因。在女性之外,儿童是家庭暴力的另外一个主要受害群体,据反家暴网络理事会主席、中国社科院法学所研究员陈明侠提供的调查数据显示,中国有超过70%的家庭都存在对儿童的暴力。

在向有关领导进行反家暴立法的情况汇报时,蒋月娥用了这样的词句形容家庭暴力中的女性遭遇:“以沉默隐忍暴力,以分手离开暴力,以暴力消除暴力,以生命结束暴力。”前面两句是说那些不为人知的家暴事件,后面两句话则是在为当前已经不可掩盖的家暴极端化趋势做出注脚:厦门市中级人民法院2005年到2007年审理了因家庭暴力而引发的12起杀人案件,其中一共死了13人。在陕西省女子监狱,2007年因家庭暴力杀人的女性有171人,其中有163件都是杀夫案。2010年,黑龙江一名超过60岁的女性举起家中劈柴的斧子劈向了熟睡中的丈夫,原因自然也是丈夫多年的打骂虐待。

如果说这些杀夫案像台湾女作家李昂那篇著名小说《杀夫》的现实投影,那还有的故事比欧·亨利的《警察与赞美诗》更加荒谬:今年3月,44岁的北京市公交车售票员陈莉(化名)在长期的家庭暴力之下,拿着一把价值两块五的水果刀抢劫一辆出租车,原因是“进了监狱就能办离婚”。

蒋月娥提醒记者,那种认为农村男人更喜欢打老婆的观念是一种误区,高收入、高学历、高地位的三高人群暴露出来的家庭暴力事件也层出不穷,而且方式常常更为极端恶劣。去年7月,北京市就有一起轰动的女编辑杀夫案。夫妻双方都是高学历人群,丈夫更是知名企业高管,年薪过百万。在供词中她提到,丈夫要求她脱光衣服,并且威胁将会“把你乳房割下来”!

中国法学会反家暴网络理事会副主席李洪涛也告诉《中国新闻周刊》,在她接触的家暴案例中,名牌大学毕业生、高校老师、媒体高层、各种公司白领都频频出现,因此她反对用各种物质化因素去衡量家暴的发生率,“我们反复强调的是,家暴不分人群,普遍存在,如果一定要分类总结,那么婚姻基础薄弱、家庭关系复杂、夫妻沟通不畅以及男权意识强烈的家庭相对容易发生，家暴和学历、收入、职业这些并没有决定性的关系”。

但李洪涛也承认，城市里的家暴事件更为危险，因为它往往更为隐蔽，“农村是一个熟人社会，房子都是敞开的，谁家打了老婆，村里的人都会知道。但是城市尤其是北京这样的大城市里没有多少邻里交往，个人隐私意识又比较强烈，那些受过高等教育并有一定社会地位的女性，大部分都会顾忌自己的社会地位，不会选择在第一时间公开遭遇。而有家暴倾向的男性，也因为他们的社会地位很难让人疑心背后的阴暗面”。

制止家暴最有效的手段当然是公权力的介入。李洪涛说，判断家暴事件究竟属于私域可由当事人自行处置，还是公权力应当介入的分界点非常明确：是否侵犯了人权。

★ 法律过于分散

中国法律中第一次使用“家庭暴力”的概念是在2001年，修订后的《婚姻法》在总则中明确规定了“禁止家庭暴力”，还同时确立了“离婚损害赔偿制度”，即离婚时受到家庭暴力的一方能够获得经济赔偿。2005年修订的《妇女权益保障法》则是强调了应该多部门合作解决家庭暴力问题。2008年全国妇联又联合另外六个部委下发《关于预防和制止家庭暴力的若干意见》，分别对家暴发生之后，宣传部门、司法行政部门、公安、检察院、卫生、民政和妇联的职责进行了明确，但是这份意见书在“家庭暴力”的定义上仍然沿用了现有的法律解释，并未包含婚内性侵犯、经济控制等家庭暴力形态。

“法律太分散了。”蒋月娥说，现在明确禁止家庭暴力的规定散见于《妇女权益保障法》《婚姻法》《未成年人保护法》《老年人权益保障法》的个别条款之中，而且大都属于宣示性条款，没有对家庭暴力进行明确的概念界定，缺乏可操作性，在司法实践中不能作为判案的依据。警察、检察官、法官对家暴认识存在分歧，必然导致了处理案件时的自由裁量权过大，“有些警察还是传统观念，丈夫打老婆、父母打孩子都是人家的家事，我们不能干预”。而在最为极端的以暴制暴的杀人事件中，法官的判案标准也始终未能统一，“最低的认定为防卫过当，判三缓三，但是最高又可以判到无期徒刑甚至死刑”。

此外，对于很多家暴致死案件以虐待罪而非故意伤害罪判刑，各方也一直存有质疑之声。根据《刑法》规定，以虐待罪定刑，即使致被害人重伤、死亡的，也只是处2年以上7年以下有期徒刑，远低于故意伤害罪的量刑力度。2009年10月19日因家庭暴力死亡的北京姑娘董珊珊，她的丈夫王光宇就是以此罪定刑，最后被判6年半。这个判决曾经极大地刺激了公众的神经,董家的代理律师李莹和张伟伟在事后写道:“我们至今无法直视她父母的眼睛,是不忍,是不敢。”

据《中国新闻周刊》了解,全国妇联权益部和中国法学会反家暴网络理事会已经各自向立法机关递交了自己的《反家庭暴力法》专家建议稿,两个文本在原则上大致相同,如提出把家庭暴力分类为身体暴力、精神暴力、性暴力和经济控制,对施暴者将采取教育、矫治与惩罚相结合的原则,即在刑事和经济处罚之外,对施暴者要通过矫治、教育和心理辅导来进行疏导,以改变他们的行为模式等等。

目前各地还处于试点当中的“人身保护令”可能将是法律的最大亮点,这一做法参考了国外的经验,即施暴者在限定时间内除不得对申请者继续实施暴力外,还禁止利用电话、信件、网络等方式骚扰申请者。蒋月娥说,根据全国妇联了解的情况,“人身保护令”效果很好,绝大部分都停止了施暴,也很少有复发的报告。

2011年的诺贝尔和平奖颁给了三位女权主义者,以表彰她们“以非暴力方式抗争,争取妇女安全和妇女参与创建和平的权利”。目前已经有超过80个国家和地区对家庭暴力进行了专门立法。中国,将会是下一个吗?